Freud e a descoberta do inconsciente

Transmissão da Psicanálise
diretor: Marco Antonio Coutinho Jorge

Octave Mannoni

Freud e a descoberta do inconsciente

Tradução:
Lélia Gonzalez

Copyright © 1968 e 2002 (atualização da bibliografia) by Seuil

A tradução de Lélia Gonzalez foi originalmente publicada como *Freud e a psicanálise* (Rio de Janeiro: Editora Rio/ Colégio Freudiano do Rio de Janeiro, 1976; col. Estudos Freudianos, dir. M.D. Magno) e revista para a presente edição tendo por base a edição francesa mais recente. Trechos a serem incorporados o foram a partir da tradução de Maria Luiza X. de A. Borges para Octave Mannoni, *Freud: Uma biografia ilustrada* (Rio de Janeiro: Zahar, 1994).

Grafia atualizada segundo o Acordo Ortográfico da Língua Portuguesa de 1990, que entrou em vigor no Brasil em 2009.

Título original
Freud

Capa
Celso Longo + Daniel Trench

Imagem de capa
SIGMUND FREUD COPYRIGHTS/ Mary Evans/ Imageplus

Preparação
Cláudio Figueiredo

Revisão técnica
Marco Antonio Coutinho Jorge

Índice remissivo
Luciano Marchiori

Revisão
Natália Mori
Julian F. Guimarães

Dados Internacionais de Catalogação na Publicação (CIP)
(Câmara Brasileira do Livro, SP, Brasil)

Mannoni, Octave, 1899-1989
    Freud e a descoberta do inconsciente / Octave Mannoni ; tradução Lélia Gonzalez. — 1ª ed. — Rio de Janeiro : Zahar, 2023.

    Título original : Freud.
    ISBN 978-65-5979-116-3

    1. Freud, Sigmund, 1856-1939 2. Psicanálise 1. Título.

23-151042   CDD-150.1952

Índice para catálogo sistemático:
1. Psicanálise freudiana : Psicologia   150.1952

Cibele Maria Dias – Bibliotecária – CRB-8/9427

Todos os direitos desta edição reservados à
EDITORA SCHWARCZ S.A.
Praça Floriano, 19, sala 3001 — Cinelândia
20031-050 — Rio de Janeiro — RJ
Telefone: (21) 3993-7510
www.companhiadasletras.com.br
www.blogdacompanhia.com.br
facebook.com/editorazahar
instagram.com/editorazahar
twitter.com/editorazahar

É difícil para mim mesmo acreditar: ter, como Schliemann, desenterrado outra Troia, que se acreditava mítica.

FREUD

Sumário

Nota do autor   9

Cronologia   11

Minha vida não tem interesse senão em sua relação com a psicanálise...   19

Introite, hic dei sunt   38

A estrada real   66

Da histeria a uma teoria geral   106

O incesto e o parricídio   149

Uma pulsão de morte ou de destruição que opera em silêncio...   158

O mistério da culpa   171

Notas   179

Referências bibliográficas   183

Índice onomástico   187

Nota do autor

Escolheu-se uma perspectiva que põe em primeiro plano a originalidade radical que é a da psicanálise desde a sua constituição e que não mostra senão de longe o que Freud viria a fazer em seguida. A perspectiva inversa é igualmente interessante, mas também igualmente arbitrária; e era preciso escolher.

O. Mannoni

Cronologia

1856 Nasce, em 6 de maio, Sigismund Freud (aos 22 anos, trocará seu nome para Sigmund). De acordo com o costume, também recebe um nome judaico: Schlomo. Freiberg, o lugar em que nasceu na Morávia, chama-se Pribor atualmente. Seu pai, Jacob Freud, com 41 anos, tem dois filhos de um primeiro casamento, Emmanuel e Philippe. Emmanuel filho é pai de John, um ano mais velho que Sigismund (seu tio) e que mais tarde será seu principal companheiro de folguedos. A mãe de Sigismund tem 21 anos e ele é seu primeiro filho. Jacob Freud é negociante de lãs. Uma lenda familiar, com pouca probabilidade de ser verdade, diz que os Freud são originários de Colônia.

(Em 1856, William James tem dez anos; Nietzsche, doze; Helmholtz, 35; Charcot, 31; Brentano, dezoito; Breuer, catorze; Fechner, 55; Schopenhauer, 68; e Herbart morrera há quinze anos.)

1859 A crise econômica arruína o negócio de Jacob. A família instala-se (mal) em Viena, em 1860.

1865 Sigmund entra para o *Gymnasium* (colégio) com um ano de antecipação.

1870 Ganha as obras completas de Ludwig Börne; sua leitura exercerá grande influência sobre ele.

1872 Uma fotografia nos mostra Freud na idade ingrata: bem cuidado, sério, um tanto empolado, com um bigode incipiente, em nada se assemelha a seus retratos posteriores. Retorna a Freiberg, para ali passar as férias.

1873 Recebe, no exame final dos estudos secundários, *summa cum laude*. É felicitado por seu estilo em alemão. Já leu muito em várias línguas. Por influência de um colega, Heinrich Braun, pensa em estudar Direito. Decide-se pelos estudos médicos após ter lido o ensaio "Sobre a natureza", atribuído a Goethe.

1874 Na Universidade, descobre os preconceitos antissemitas e julga que seu lugar é "na oposição". Assiste aos cursos de Brentano.

1875 Viagem a Manchester, Inglaterra, para a casa de seu meio-irmão Philippe e de sua sobrinha Pauline.

1876 Primeiras investigações pessoais em Trieste, sobre as glândulas sexuais das enguias. Entra para o laboratório de Brücke.

1877 Publica o resultado de trabalhos de anatomia que tratam do sistema nervoso central de uma larva de lampreia.

1878 Em suas pesquisas (no laboratório de Brücke), quase chega a descobrir o neurônio (assim nomeado, em 1891, por Waldeyer). Torna-se amigo de Breuer, catorze anos mais velho, que o ajuda moral e materialmente (numerosos empréstimos de dinheiro).

1879 Segue, sem muito entusiasmo, os cursos de psiquiatria de Meynert. Interessa-se apenas pelo aspecto neurológico das questões.

1880 Um ano de serviço militar. Breuer empreende o tratamento de Bertha Pappenheim (Anna O.). Freud traduz quatro ensaios de Stuart Mill ("Sobre a questão operária", "A emancipação das mulheres", "O socialismo", "Platão"). Por preferir evitar a prática médica, ele pensa seguir uma carreira voltada para a pesquisa ou para o ensino.

1881 É aprovado, tardiamente, nos exames finais de medicina.

1882 É forçado a ouvir os conselhos dos amigos e dos professores: sem recursos materiais não pode seguir uma carreira de pesqui-

Cronologia 13

sador. Teria que esperar muito para alcançar uma cátedra. Conhece Martha Bernays (que pertence a uma família de intelectuais judeus) e nutre a intenção de desposá-la: há que ganhar a vida. Em novembro, Breuer lhe fala do caso de "Anna O.", interrompido desde junho. Freud fica espantado, interessado, mas não influenciado.

1883 A medicina geral o aborrece e só conhece bem neurologia. Entra para o serviço de Meynert (psiquiatria). Entrevê o papel do desejo na *amentia* de Meynert, mas essa observação acidental não está vinculada às suas preocupações do momento.

1884 Encarregado de um estudo sobre a cocaína, descobre suas propriedades analgésicas, suspeita de suas qualidades anestésicas, mas as negligencia. Carl Koller as estudará e terá grande êxito, o que não altera as boas relações entre os dois. Imprudentemente, Freud utiliza a cocaína em si mesmo. Como não tem qualquer disposição para a toxicomania, não a sofre e nem desconfia de seu perigo. Mas provoca alguns prejuízos em torno de si. Querendo curar seu amigo Fleischl, que é morfinômano, transforma-o em cocainômano e agrava seu caso. É criticado nos círculos médicos. Empreende o tratamento das doenças "nervosas" mediante a eletroterapia, aplicando o método de W. Erb. Ao mesmo tempo, prepara um método de coloração das lâminas neurológicas, publicando um artigo sobre esse tema e em seguida uma monografia sobre a coca. Desejava tornar-se conhecido por alguma descoberta.

1885 Ocupa (por pouco tempo) um posto numa clínica particular onde ocasionalmente se emprega o hipnotismo. Em abril, destrói todos os seus papéis. Por um momento, pensa em emigrar a fim de melhorar sua situação. É nomeado *Privatdozent*, obtendo em seguida uma bolsa de estudos para o exterior; escolhe Paris, onde estudará com Charcot na Salpêtrière. Ali observa as manifestações da histeria e os efeitos da hipnose e da sugestão. Charcot lhe causa profunda impressão. Propõe-se a traduzir suas conferências e é aceito.

14 *Freud e a descoberta do inconsciente*

1886 Deixa Paris por Berlim, onde se interessa pela neuropatologia infantil. De volta a Viena, fará um estágio no Instituto de Doenças Infantis. Faz uma conferência sobre a histeria e dá conta do que observou junto a Charcot; suas observações não são bem acolhidas. Inicia sua prática privada: abre seu consultório no domingo de Páscoa. Casa-se com Martha em setembro. Publica a tradução das *Lições sobre as doenças do sistema nervoso III*, de Charcot.

1887 Sem abandonar a eletroterapia, começa a utilizar a hipnose. Nascimento de Mathilde (outubro). Primeira carta a Fliess (dezembro).

1888 Publica a tradução do livro de Bernheim *Da sugestão e de suas aplicações terapêuticas*. Pela primeira vez aplica um método inspirado por Breuer (em Frau Emmy von N.), em maio.

1889 Viagem a Nancy para ver Bernheim e Liébault. Nascimento de Jean-Martin, assim nomeado em homenagem a Charcot (dezembro).

1891 Publica um livro sobre a afasia, no qual critica a teoria das localizações. Nascimento de Oliver (homenagem a Oliver Cromwell).

1892 Artigo sobre o tratamento hipnótico. Consegue que Breuer colabore com ele. Uma paciente (Elisabeth von R.) impõe-lhe o método das associações livres. Publica a tradução de um segundo livro de Bernheim. Nascimento de Ernst, assim nomeado em honra a Brücke.

1893 Artigo necrológico sobre Charcot, morto a 16 de agosto. Artigo sobre as paralisias histéricas (em francês, na *Revue Neurologique*). Formulação da teoria da sedução traumatizante (que terá que abandonar quatro anos mais tarde). Nascimento de Sophie.

1894 Artigo sobre "As psiconeuroses de defesa". Nova tradução de Charcot (*Leçons du mardi*).

Cronologia 15

1895 Publicação de "Obsessões e fobias". Aparecimento dos *Estudos sobre a histeria*. Em julho, em Bellevue, análise do sonho sobre a "Injeção em Irma". Nascimento de Anna (dezembro).

1896 Explosão de violentos sentimentos negativos contra Breuer. Escandaliza o auditório numa conferência sobre a etiologia sexual da histeria. Férias em Florença. Morte de Jacob Freud (outubro).

1897 Sonho significativo (edipiano, mas reduzido por Freud à teoria do trauma) em maio. Viagem à Itália, mas sem ultrapassar Perusa (sua identificação com Aníbal faz com que se detenha junto ao lago Trasimeno). Descoberta do Édipo (outubro).

1898 Prepara *A psicopatologia da vida cotidiana* e reúne exemplos que servirão para *Os chistes e sua relação com o inconsciente*. Publica "O mecanismo psíquico do esquecimento". Conclui *A interpretação dos sonhos* (exceto o capítulo VII).

1899 Josef Popper-Lynkeus publica, em Dresden, *Fantasias de um realista*, que Freud só lerá mais tarde. Publicação de "Lembranças encobridoras". Publicação de *A interpretação dos sonhos*, datado de 1900 pelo editor.

1900 Começa a análise de Dora (14 de outubro).

1901 "Sobre os sonhos", resumo de *A interpretação dos sonhos*. Escreve "Sonho e histeria", que relata a análise de Dora, mas que só será publicado em 1905, com outro título. Começam a se deteriorar as relações com Fliess. Viagem a Roma. Publicação da *Psicopatologia da vida cotidiana* (em revista).

1902 Viagem a Nápoles.

1903 Primeiros discípulos (Federn, Stekel etc.).

1904 Viagem a Atenas. Começa a manter correspondência com Bleuler, de Zurique.

16   *Freud e a descoberta do inconsciente*

1905 *Três ensaios sobre a teoria da sexualidade. Os chistes e sua relação com o inconsciente.* "Fragmento da análise de um caso de histeria" (Dora).

1907 Visita de Jung (fevereiro). Encontro com Abraham. "Delírio e sonhos na 'Gradiva' de W. Jensen".

1908 Visita de Ferenczi (fevereiro). Congresso de Salzburgo (abril). Segunda viagem à Inglaterra (setembro).

1909 "Análise de uma fobia de um garoto de cinco anos ('O Pequeno Hans')". "Observações sobre um caso de neurose obsessiva ('O Homem dos Ratos')". Viagem aos Estados Unidos (setembro) com Jung e Ferenczi. Conferências na Clark University (Worcester, Massachusetts).

1910 Congresso de Nuremberg. Fundação da Sociedade Internacional. Jung é o presidente. Publicação de "Cinco lições de psicanálise" (as conferências apresentadas nos Estados Unidos). "Uma recordação de infância de Leonardo da Vinci". De 1910 a 1912, vários artigos sobre a técnica.

1911 Demissão de Adler. Congressos de Weimar e de Budapeste. Publicação de "Observações psicanalíticas sobre um caso de paranoia (*Dementia paranoides*) relatado em autobiografia ('O caso Schreber')".

1913 Ruptura com Jung. Congresso de Munique. Publicação de *Totem e tabu*.

1914 "O Moisés de Michelangelo". "Contribuição à história do movimento psicanalítico". Demissão de Jung.

1915 Redação de vários ensaios de metapsicologia.

1917 "Luto e melancolia". "Introdução a *Psicanálise das neuroses de guerra*".

Cronologia 17

1918 "História de uma neurose infantil ('O Homem dos Lobos')".

1919 "Bate-se numa criança".

1920 "Além do princípio de prazer". Morte de Sophie (janeiro).

1921 Publicação de "Psicologia das massas e análise do eu". Congresso de Hagen.

1922 Congresso de Berlim.

1923 Diagnóstico de câncer na mandíbula. Primeira operação. Publicação de "O eu e o id".

1925 "Autobiografia". "A negação". Morte de Abraham (dezembro).

1926 "Psicanálise e medicina". "Inibição, sintoma, angústia".

1927 *O futuro de uma ilusão.*

1930 *O mal-estar na cultura.* Recebe o prêmio Goethe (Anna o substitui em Frankfurt, onde lê o discurso de agradecimento que ele escrevera). Morte da mãe (setembro). Em colaboração com Bullit, escreve *Thomas Woodrow Wilson*, que só será publicado em 1967.

1933 *Novas conferências introdutórias à psicanálise.* Os nazistas queimam as obras de Freud em Berlim (maio).

1937 "Análise terminável e interminável".

1938 *Anschluss* (março). Roosevelt e Mussolini intervêm em favor de Freud. Partida para Londres em junho. Trata dos pacientes até quase a partida.

1939 Morte de Freud, em 23 de setembro. Publicação do final de *Moisés e o monoteísmo.*

1940 *Compêndio da psicanálise.* "A cisão do eu no processo de defesa".

1950 *Correspondência completa de Sigmund Freud para Wilhelm Fliess.*

1951 Morte de Martha Freud. (Ela conservara todas as cartas que Freud lhe remetera. Apenas uma pequeníssima parte foi publicada.)

1954 *Anotações originais* (sobre a análise do Homem dos Ratos).

1967 *Thomas Woodrow Wilson* (por Bullit e Freud).

Minha vida não tem interesse senão em sua relação com a psicanálise...

COM NOTÁVEIS QUALIDADES LITERÁRIAS, a obra de Freud, no entanto, não pertence à literatura: ela visa a uma verdade. Os comentadores de uma obra desse gênero têm diversas abordagens a escolher, de acordo com a sua própria visão do verdadeiro. A doutrina freudiana permanece aberta às interpretações, às correções e aos novos desenvolvimentos, mas não é esse o tipo de trabalho a que nos propomos. É a verdade do próprio Freud que nos reterá, a maneira como chegou às questões que colocou e, em seguida, as respostas que lhes deu. Na medida do possível, trata-se de dar uma ideia do trabalho tal como foi feito, de mostrar Freud fazendo-o, sem fingir segui-lo passo a passo sob o pretexto de não o antecipar, dado que frequentemente o que veio depois aclara as dificuldades antes obscuras, permitindo descrevê-las corretamente.

Pode ter parecido aos biógrafos que alguma coisa em seu passado preparava Freud para suas descobertas, mas (e principalmente) foram os acasos e os encontros que o conduziram a elas. Se ele houvesse obtido maior êxito com suas lâminas histológicas, se sua noiva não tivesse Bertha Pappenheim por amiga, se seus mestres lhe tivessem negado a bolsa para o exterior... Tantos "se" evidenciam a contingência de sua carreira e nos poupam o trabalho de pesquisar o gênero de predestinação mítica que se costuma atribuir aos heróis. Mas não há dúvida de que, uma vez engajado, por pouco que fosse, num diálogo com a histeria, ele seguiu seu próprio caminho, afastado de qualquer rota já trilhada, sem se deixar desviar por nada, sobretudo pelas manifestações de oposição. Por conseguinte, não é fácil situar esse destino na história... Dado o ambiente médico de Viena, suas aspirações, suas contradições e até mesmo seus sonhos, poder-se-ia deduzir a existência provável de um médico judeu, pobre, apaixonado pela pesquisa e à espera de algum sucesso que lhe desse fama e uma melhor situação. Mas não se poderia concluir daí a violenta oposição que ele assumiria contra tal ambiente em nome da descoberta do inconsciente. Sua descoberta faz parte do que, hoje, batizamos com o nome de modernidade. Quando surgiu, ela nada tinha de "moderno". O próprio Freud, falando de si mesmo, escreveu: "O autor de *A interpretação dos sonhos* ousou tomar o partido da Antiguidade e da superstição popular contra o ostracismo da ciência positiva".[1] É da própria essência da análise ir contra o consenso e, apesar das aparências, continua sendo assim. O último texto, recentemente publicado, sobre Woodrow Wilson, acaba de provocar a mesma oposição.

Se a psicanálise possui antecedentes — e evidentemente ela os tem —, eles só aparecem como tais porque, por assim dizer, ela permitiu essa retrospectiva. Um Ludwig Börne, por exemplo, teve uma influência profunda sobre Freud, que o leu aos catorze anos, mas é este quem permite que Börne seja hoje mais do que um mero símbolo político. E se reunimos as

Minha vida não tem interesse senão em sua relação com a psicanálise... 21

influências que marcaram Freud, elas formam um caos, isto é, precisamente aquilo que aguarda um ato de criação... As questões que ele propõe são aquelas que a época nem sonha colocar (ou então, se elas se impõem à época, esta as ignora). Em outras palavras, Freud faz a história ao invés de ser feito por ela; ele se situa de maneira oposta a como um adepto da modernidade se vê.

Psicanálise e biografia

Sabe-se que Freud jamais abandonou ou renegou uma só de suas ideias, mesmo quando as ultrapassava. Sua vida e o desenvolvimento de seu pensamento têm a forma de uma *Aufhebung* contínua. Ele não só conservou, ultrapassando-os, a catarse de Breuer ou o trauma de suas primeiras hipóteses etiológicas; podemos dizer que fez o mesmo com relação às crenças e às superstições do passado mais longínquo. Mas isso supõe uma certa maneira de apagar... Em 1885, por exemplo, dezoito dias antes de seu vigésimo nono aniversário, ele queima todos os seus papéis. E o fará periodicamente mais tarde. Pretende marcar assim, naquele momento, a "grande reviravolta de sua vida". Trata-se efetivamente de uma grande reviravolta, só que ele não o sabe. Acredita que se refere a seu casamento e a sua renúncia em face da pesquisa.

Eis como apresenta as coisas a Martha, sua noiva, em 28 de abril:

Levei a bom termo um de meus projetos. É um projeto que muitos desafortunados, que ainda não nasceram, terão que deplorar um dia. Como não adivinharás a que tipo de pessoas me refiro, vou te dizer. Trata-se de meus biógrafos. Destruí todos os meus diários dos últimos catorze anos, as cartas, as fichas científicas, os manuscritos de meus artigos... Todos os meus pensamentos e sentimentos, no que concerne ao mundo em geral e a mim em particular, foram julgados indignos de um prolongamento de existência. Será preciso repensar tudo isto outra vez, e eu não tinha rabiscado pouco... Quanto aos biógrafos, que se lamentem! Não temos a menor vontade de lhes facilitar a tarefa; cada um deles terá razão em sua maneira pessoal de explicar o desenvolvimento do herói.[2]

Vemos todos os dias como os escritores rasuram seus escritos ("será preciso repensar tudo isto outra vez") e como o crítico ou o biógrafo empenha-se em ler o que foi rasurado. São duas maneiras opostas de *conservar*. Poucas pessoas foram tão fiéis a seu passado quanto Freud; mesmo dentre aqueles que conservam cuidadosamente o mais ínfimo documento. Mas ele sempre desconfiou da curiosidade dos biógrafos e até mesmo duvidou da viabilidade do empreendimento destes:

> Não se pode ser biógrafo sem se comprometer com a mentira, a dissimulação, a hipocrisia, a adulação, sem contar com a obrigação de mascarar a própria incompreensão. A verdade biográfica é inacessível. Se a ela se tivesse acesso, não se poderia levá-la em conta. (18 de maio de 1936)[3]

De qualquer modo, a relação entre a técnica analítica e a arte biográfica é ambígua. Elas se assemelham e poderíamos dizer que se complementam, mas existe entre elas uma opo-

Minha vida não tem interesse senão em sua relação com a psicanálise... 23

sição irredutível. Um biógrafo não analista pode constatar que estamos muito mal-informados sobre a vida pessoal de Freud, podendo esperar, e nós com ele, que tenha sido mais variada e mais plena do que aquilo que percebemos para além de sua vida científica. Pode, ainda, impacientar-se ao ter de esperar por tantas cartas conservadas em segredo. Mas, se as biografias de Freud são em geral decepcionantes, tal não acontece porque o biógrafo tenha querido restringir-se a uma hagiografia hipócrita, nem porque tivesse que ocultar segredos escandalosos. É que uma biografia, em se tratando de Freud, não pode ser escrita abstraindo-se a *verdade* analítica, a qual torna superficial e banal essa perspectiva de *realidade* fora da qual a biografia não pode desenvolver sua arte. De fato, as confidências que Freud nos faz sobre sua juventude são como que o subproduto de sua descoberta. Nada mais fácil do que dar um exemplo nesse sentido: em uma carta a Fliess (3 de outubro de 1897), que ele podia escrever sem pensar em seus biógrafos e na qual dá conta dos progressos de sua própria análise, Freud aponta para um desses fatos que o biógrafo não pode senão recolher preciosamente:

> Tudo me faz crer que o nascimento de um irmão um ano mais moço tenha suscitado em mim desejos ruins e verdadeiro ciúme infantil, e que sua morte, ocorrida alguns meses mais tarde, tenha deixado em mim o germe de um remorso...[4]

Mas o que *ocorreu* de notável a Freud não foi que, entre um e dois anos, tenha sentido ciúme de um irmão mais jovem, o que acontece com tantas crianças, mas que essa lembrança lhe tenha retornado aos 41 anos, precisamente a idade em que começa a entrever seu complexo de Édipo (o que ainda não acontecera a ninguém, nem mesmo a Sófocles, certamente) e se torna capaz de compreender suas lembranças infantis... Desse modo, sua biografia só adquire sentido em sua relação com a psicanálise. Quando ele escreve "Minha vida não tem interesse senão em sua relação com a psicanálise", não se tratava de fórmula banal nem de dissimulação. A ilusão, a crença no "mito do herói" e a *resistência* procuram fazer crer que, se conhecêssemos melhor os detalhes da infância de Freud, algumas obscuridades — quais? — se dissipariam. Mas como ele, graças a ele e, em todo caso, após ele, acabaríamos por encontrar ali as próprias bases da psicanálise, a começar pelo Édipo, como as encontramos em todos e em nós mesmos... O sujeito em análise não se debruça sobre seu passado como um ancião que escreve suas memórias. Ele está menos preocupado em reconstituir seu passado do que em ultrapassá-lo, que é a única maneira verdadeira de o conservar.

Lembranças

Dentre as lembranças que, a título de exemplos, acompanham os progressos de sua própria análise, existem aquelas que Freud não quis revelar como próprias e que atribuiu a alguém imaginário. Desse modo, tomamos conhecimento do que para ele foi o paraíso perdido, e a saudade que faz parte do desejo inconsciente. "Eu era", faz ele esse narrador imaginário dizer,

Minha vida não tem interesse senão em sua relação com a psicanálise... 25

filho de pais de início abastados e que, imagino, viviam confortavelmente nesse pequeno ninho provinciano. Quando eu tinha cerca de três anos, o ramo industrial em que meu pai trabalhava passou por uma grande crise. Ele perdeu todos os seus recursos e nós fomos obrigados a deixar aquele lugar e a nos instalarmos numa grande cidade. Longos e difíceis anos se seguiram e dos quais, parece-me, nada vale a pena ser recordado. Nunca me senti à vontade nessa cidade. Hoje acredito que sempre guardei a saudade daqueles magníficos bosques nativos, e uma de minhas lembranças me recorda o hábito que eu tinha de correr para lá, escapando de meu pai, quando, então, mal sabia andar...[5]

Freud nunca deixou de detestar a cidade de Viena, sem consentir em deixá-la (lá sofrera e fora humilhado e somente lá, parecia-lhe, deveria lutar pela compensação). Ali sofreu verdadeiramente e sobretudo uma grande pobreza. A esperança, não de enriquecer mas de alcançar uma sólida segurança, sempre esteve presente em suas preocupações; foi perseguido, em imaginação, pelo fantasma da miséria e da fome, mesmo quando não havia mais nada a temer realmente.

Vocação

Na sequência desse mesmo artigo de 1899, ele conta como retornou das férias em sua terra natal e descreve o estado de espírito em que se encontrava no momento de entrar para a universidade:

Tinha dezessete anos e, na família que me hospedara, havia uma moça de quinze anos pela qual me apaixonei imediatamente. Foi o meu primeiro amor juvenil, e bastante intenso, mas eu o guardava em absoluto segredo. Alguns dias depois a moça retornou à escola — ela também viera de férias. Tal separação, após tão pouco tempo, intensificou meus sentimentos. Durante longas horas, eu perambulava solitário pelos lindos bosques reencontrados e passava o tempo a construir castelos na areia. Meu devaneio, curiosamente, não se dirigia para o futuro, mas procurava corrigir o passado. Se não fosse a insolvência, se tivesse permanecido na antiga casa, se tivesse crescido e amadurecido como as pessoas dessa família, como os irmãos de minha amada! E se então eu tivesse seguido a profissão de meu pai, se a tivesse desposado, ela! — Teria podido conhecê-la intimamente no decurso de todos esses anos. Eu não tinha a menor dúvida de que, nessas circunstâncias inventadas por minha imaginação, eu a teria amado exatamente com a mesma paixão...[6]

Essa mocinha chamava-se Gisela Fluss. Trinta anos mais tarde, após um dia de trabalho, ao fazer anotações sobre o caso do Homem dos Ratos, Freud cometeu um *lapsus calami*. Seu paciente lhe falara de outra Gisela, e Freud, em suas notas, escreveu *Gisela Fluss*. Limitou-se a colocar um ponto de exclamação — que só estava destinado a si próprio.

Esses devaneios nostálgicos, voltados para o passado, coincidem com alguma dificuldade em encarar o futuro. Um pouco mais tarde, em 1875, quando os estudos médicos já estavam em curso, uma viagem a Manchester para a casa de seu meio-irmão e de sua meia-sobrinha, Pauline, tinha por fim averiguar se ele poderia seguir uma profissão como a do

Minha vida não tem interesse senão em sua relação com a psicanálise... 27

pai, com o algodão substituindo a lã e Pauline substituindo Gisela. Mas Pauline não era Gisela.

Freud nunca aceitou com facilidade os estudos médicos. Essa má escolha o conduziu, graças a uma péssima nomenclatura (a das doenças "nervosas"), não à sua verdadeira vocação, o que provavelmente não quer dizer nada, mas à vocação com a qual ele fez o que se sabe.

Na universidade, sentia saudade dos estudos secundários. Havia sido muito bom aluno no Sperl Gymnasium e de lá guardara as melhores recordações. Esses primeiros olhares para uma civilização perdida deviam, "no meu caso, trazer-me muito mais consolo do que qualquer outra coisa na luta pela vida", e, em seus primeiros contatos com as ciências, diz ele com uma ironia a que se podia permitir retrospectivamente, parecia-lhe que só teria que escolher aquela em face da qual seus serviços se evidenciariam como "inestimáveis". Parecia-lhe recordar que

toda essa época estava como que impregnada pela premonição de uma tarefa a cumprir, premonição que só encontrou ocasião de se exprimir claramente na dissertação do exame final: era o desejo de trazer alguma coisa durante a vida para o conhecimento da humanidade.[7]

O tema dessa dissertação era: "O que será preciso levar em conta na escolha de uma profissão?". Feliz ou infelizmente, nem sempre encontramos os manuscritos dos futuros grandes homens. Mas temos uma carta, a mais antiga de todas as cartas de Freud que possuímos, na qual fala desse exame a um camarada de infância, precisamente Emil Fluss: "Dentre outras coisas, meu professor me disse, e foi a primeira pessoa que ousou me dizer isso, que eu possuía o que Herder, tão elegantemente, chama de um estilo idiótico" — a palavra existe, com um sentido próximo, mas naturalmente é preferível "idiomático" — "isto é, ao mesmo tempo correto e característico... Talvez você ainda não tenha percebido que está se correspondendo com um estilista alemão. Como amigo, como amigo desinteressado, eu o aconselho, portanto, a conservar estas cartas, empacotá-las, guardá-las bem, nunca se sabe...".[8]

O conselho era acertado, assim como a observação do professor: Freud é um estilista ao qual toda tradução faz injustiça. Mas esse colegial divertido tem preocupações muito sérias e quase trágicas:

> Você considera superficialmente meus cuidados relativos ao futuro; diz que aquele que teme a mediocridade mais que tudo já está a salvo. Mas a salvo de que, eu lhe pergunto? Certamente não a salvo da mediocridade. Pelo fato de grandes espíritos terem duvidado de si mesmos, podemos deduzir daí que quem duvida de suas capacidades seja uma grande inteligência? [...] O esplendor do universo repousa sobre sua riqueza de possibilidades; infelizmente isso não consiste numa base firme para o conhecimento de si.[9]

Nada existe de profético nesta retórica. Aos dezessete anos, Freud fala como um humanista ou um moralista; sua lucidez, seu pessimismo, sua desconfiança em face das ilusões, sua disposição para as reflexões sérias, tudo isso é da ordem das formas mais veneráveis de *sabedoria* e não anuncia, nem de longe, nada que se assemelhe à curiosidade analítica.

Minha vida não tem interesse senão em sua relação com a psicanálise... 29

A situação pode ser resumida da seguinte maneira: a esperança romântica de que o futuro me devolva o que está perdido deve dar lugar ao realismo e à sabedoria. Mas existe algum caminho na vida que tenha a sabedoria por finalidade? Freud acreditou nisso na época do Gymnasium... Mais tarde escreverá:

Eu não tinha então, e nunca tive depois, a menor predileção pela profissão médica. Era antes movido por uma espécie de curiosidade que visava mais às questões humanas que as coisas da natureza. Ainda não havia apreendido a importância dos métodos de observação enquanto o melhor meio de satisfazer essa curiosidade. Sob a influência da amizade com um colega mais velho, que mais tarde se tornou um político bem conhecido, veio-me o desejo de, como ele, estudar Direito e de me engajar em alguma atividade pública. (*Tratava-se de militar num partido socializante, de oposição.*)* Só que, na mesma época, as teorias de Darwin, que abriam extraordinárias perspectivas de progresso em nossos conhecimentos, exerciam sobre mim grande atração; e foi ouvindo o magnífico ensaio sobre a Natureza, de Goethe, no momento de deixar a escola, que me decidi pelos estudos médicos.[10]

Freud deveria conservar algo de seus devaneios políticos e de sua necessidade de militar em alguma oposição. Ele concebeu a psicanálise como um "movimento" e, embora isso quase já não se perceba mais nas formas que acabaram

---

* Os comentários entre parênteses e em itálico são de Octave Mannoni. (N. E.)

assumindo, as sociedades que criou participavam desse espírito. Darwin e Goethe, por outro lado, traziam razões bem negativas, e até contraditórias, para a sua escolha, uma vez que o texto atribuído a Goethe representa a Natureza como uma mãe que deixa seus filhos explorarem seus segredos. Ousaríamos dizer apenas que Goethe é o mais "analítico" dos dois... A Freud não repugnava pesquisar os segredos da natureza; ao trabalhar com Brücke ele provou que o rigor da ciência positiva lhe convinha; e durante toda sua vida mostrou que a relação com os pacientes o interessava mas havia algo na medicina que não lhe convinha. Dirá, numa frase que aliás se contradiz: "Após quarenta anos de prática médica, conheço-me o bastante para saber que nunca fui um doutor no sentido próprio da palavra".

Foi em vão que retardou o fim de seus estudos médicos e procurou se orientar para o ensino de fisiologia; sua maldita pobreza e seus projetos de casamento (com uma moça pobre) o obrigam a se resignar. Em 1882, assume por três anos um posto no hospital de Viena.

É nessa época que Breuer lhe faz confidências sobre o tratamento de Anna O., que acabava de ser interrompido. Freud fica interessado, mas não imagina que tenha nisso um meio de escapar à prática médica. Será preciso, primeiramente, que Charcot confira uma dignidade científica e médica ao estudo da histeria. Pois Freud, no fundo, está em busca de um compromisso complicado: escapar à prática médica e opor-se à visão da época, mas para, no fim de contas, se fazer reconhecer pelo mundo da ciência e da medicina. Sabemos com que dificuldade atingirá esse ponto.

Minha vida não tem interesse senão em sua relação com a psicanálise... 31

Freud neurologista

A carreira de Freud se constitui, portanto, sobre um trocadi-lho: *neurologista*, ele trataria de afecções *nervosas*... Mas isto ainda não era um jogo de palavras na ocasião em que comecei e, aliás, ele se tornou neurologista mediante seu trabalho de laboratório. Fora-lhe confiada, em Trieste, uma primeira pesquisa (identificar as glândulas sexuais das enguias, sobre as quais nada se sabia), que ele realizou com sucesso. Brücke confiou-lhe outras (sobre o sistema nervoso de uma larva de lampreia), o que constituiu a oportunidade para sua primeira publicação. Ei-lo, portanto, neurologista. Publicou uma vintena de artigos sobre neurologia entre 1877 e 1897. Vinte anos! Mais tarde, negará formalmente que o estudo da neurologia possa servir de preparação para a psicologia, como alguns ingênuos puderam crer. Os fatos demonstram (com Bernheim, com Breuer) que um clínico geral está em melhores condições do que um neurologista para abordar as "doenças nervosas". Charcot constitui a notável exceção com quem tudo mudará... O livro de Freud sobre as *Afasias* (1891) e o *Projeto* (1895) estão entre os monumentos subsistentes dos vãos esforços da época no sentido de estabelecer uma ponte entre a neurologia e a psicologia. É certo que, por um ato de fé materialista, Freud nunca abandonará a esperança de que "um dia" as duas disciplinas irão se encontrar. Mas, após 1895, ele não mais tentará conciliá-las na prática.

Que fará com uma formação que na época consistia essencialmente em verificar os diagnósticos na autópsia, no dia em que tiver de deixar o laboratório para conseguir uma clientela particular? Nothnagel, professor de neurologia, disse-lhe:

Os artigos que você escreveu não lhe servirão para nada. Os clínicos gerais, de quem tudo depende, são pessoas muito prosaicas que, mesmo que não o digam, pensarão: para que lhe serve, a Freud, seu conhecimento de anatomia cerebral? Isto não o ajudará a tratar de uma paralisia radial.[11]

Freud, no entanto, só conhece neurologia; e é enquanto neurologista que tentará iniciar sua prática particular.

Martha

Já fazia algum tempo que Freud acalentava o projeto de se casar com Martha. Ele bem que quis adiar o casamento para melhores dias, mas agora está decidido a efetuar "a grande reviravolta de sua vida"... Só conhecemos uma pequenina parte da correspondência de Freud com Martha, a qual é extremamente rica de elementos passionais. As mais clássicas fantasias daquilo que alguns anos mais tarde se denominará "neurose de noivado" (expressão hoje abandonada), o ciúme injustificado, as ideias de morte, toda uma sintomatologia que mais tarde alimentará a reflexão de Freud aí se encontra reunida. Esse casamento entre duas pessoas pobres é, apesar disso, um casamento burguês; os problemas de dinheiro (de *falta* de dinheiro) ocupam aí um lugar importante. A insegurança e o risco fazem dele quase um desafio ao destino, acrescentando-lhe o elemento romântico, mas o ideal perseguido é "razoável". Para vencer as dificuldades materiais, ele conta com a energia moral e a confiança em si.

Parece que Martha conserva melhor que Sigmund seu sangue frio. Freud encontra-se presa de sintomas que só muito

Minha vida não tem interesse senão em sua relação com a psicanálise... 33

mais tarde poderá explicar. Escreve a Martha, em 27 de junho de 1882: "Ontem visitei meu amigo Ernst von Fleischl a quem antes, quando ainda não conhecia Marty" — isto é, Martha; curiosamente Freud a ela se dirige, com frequência, na terceira pessoa —,

invejava em todos os aspectos... Sempre o considerei como meu ideal e tudo fiz no sentido de nos tornarmos amigos, para desfrutar devidamente de seu valor e de suas qualidades... Ontem me ocorreu a ideia do quanto ele poderia fazer por uma moça como Martha, que engaste ele proporcionaria a essa joia... como ela gostaria de compartilhar da influência e da importância de um namorado assim, como os nove anos que este homem tem a mais que eu poderiam representar em sua vida um tempo de felicidade sem igual, em comparação a nove miseráveis anos que ela perderá a meu lado... E começava a me perguntar sobre o que ele pensaria de Martha. Então, subitamente interrompi esse devaneio... Será que não poderei, ao menos uma vez na vida, ter algo melhor do que mereço? Fico com Martha.[12]

Não se trata de psicanalisar Freud: ele próprio encarregou-se de o fazer. Mas é espantoso que alguém capaz de exprimir tais sentimentos tenha se tornado aquele que foi o primeiro a elucidar os volteios e complicações do ciúme (quem ama quem?).

Dois anos mais tarde, ele antecipa o que será uma dificuldade real (29 de março de 1884):

Bom Deus, como és bondosa e inocente, mulherzinha! Será que não te dás conta de que toda essa ciência poderia converter-se em nossa mais feroz inimiga? Se não se resiste à tentação de consagrar-lhe a vida, sem renunciar e sem esperar reconhecimento, na solução de problemas desvinculados de nossa situação pessoal, poderia remeter para mais tarde ou tornar impossível nosso projeto de vida em comum — se eu, sim, se eu perdesse a cabeça nessa empresa. Não, está fora de questão. Sinto-me pronto e disposto, e decidido, a explorar a ciência ao invés de me deixar explorar em seu proveito.[13]

Esta carta está constituída como a precedente: 1) O que aconteceria se... 2) Mas eu me decido pelo que é razoável...

O futuro confirmaria que Freud escolhera uma esposa segundo seus desejos. Durante longos anos Martha, a quem a família inteira, Freud inclusive, chamaria de "Mama", receberia o amor e o respeito de todos. Mas esse casamento modelo corresponderia às tradições dos meios burgueses de Viena e, neste campo, Freud não inovava. Não possuía o menor interesse pelo movimento feminista que, na época, apenas se esboçava. No ensaio de J. S. Mill sobre a emancipação das mulheres, que traduziu, ele nada mais via do que um devaneio utópico. Chocava-o a relação estabelecida entre a condição feminina e a dos escravos. Acusava Mill de não se ter apercebido de que a humanidade está dividida em homens e mulheres... Nesse domínio, como em alguns outros (em pintura, por exemplo), esse revolucionário que contribuiu com mais eficácia que outros (Mill inclusive) para a liberação das mulheres possuía incontestavelmente uma atitude conformista que a perspectiva atual talvez faça parecer reacionária. É em sua teoria que ele dá prova de um espírito verdadeiramente revolucionário. Que se remonte, por exemplo, às últimas páginas de "Análise terminável e interminável" e que se veja

Minha vida não tem interesse senão em sua relação com a psicanálise... 35

aí com que "equidade" ele trata dos efeitos do complexo de castração no homem e na mulher... Mas era inevitável que a resistência fizesse uso de fáceis argumentos ad hominem para atacar as concepções científicas.

A sabedoria

Todavia, é espantoso que seja Freud (em 1883, é verdade) quem, para criticar Mill, observe que "a capacidade de se libertar dos preconceitos se faz acompanhar de uma certa diminuição da sensibilidade em face do absurdo". Mais tarde reconhecerá que o sentimento do absurdo pode se tornar um meio de defesa a serviço dos preconceitos; em todo caso, esse sentimento não mais o fará recuar tão facilmente. O que se questiona aqui é o valor (*ambíguo*) da sabedoria.

Não há dúvida de que Freud, para orientar-se nas dificuldades da vida, tenha de início contado com as formas mais tradicionais da sabedoria. Mas não se tratava de um vulgar conformismo social; ao contrário, apelava para este em face de uma outra sociedade que frequentara muito mais e buscara em suas leituras. Para ler Cervantes, aprendeu espanhol sozinho numa idade em que se tem de lutar contra tendências à presunção juvenil. Mas, já tendo lido os autores antigos e os de sua língua, ele possuía um sentimento muito vivo do que lhes devia. Por acaso não o vemos em Paris ir ao Père-Lachaise visitar o túmulo de Ludwig Börne (morto em 1837)? Freud lia os romancistas franceses contemporâneos, mas nos disse que seus verdadeiros mestres eram os escritores ingleses e escoceses. Podemos adivinhar facilmente o porquê: eles tratam o destino humano de maneira realista, mas sobre um fundo de tradições fantásticas; a presunção do herói defronta-se com o destino, mas com armas menos desiguais que na tragédia antiga. A situação social, a educação, a formação da personalidade fazem parte do destino; a imagem do mundo não é um reflexo inútil nem uma agradável pintura da realidade, mas oferece coordenadas de orientação dentro desta. Freud não é artista. Acha que a arte literária vale por seu conteúdo dramático e moral, e se ele sabe, como excelente estilista, apreciar sua forma, é pela maneira com que ela exprime e valoriza o conteúdo; fato ainda mais notável, foi ele o primeiro, em 1905, a dar uma teoria correta do papel preponderante da forma! Ainda aqui, o tradicionalismo de seu gosto contradiz o aspecto revolucionário de suas teorias.

Antes de descobrir as insuficiências e as limitações de uma sabedoria cultivada por esses meios, ele já a havia levado para muito mais além. Podemos julgá-lo pela carta de 16 de setembro de 1883, na qual conta a vida e o suicídio de um colega, Nathan Weiss. Esse relato, demasiado longo para ser reproduzido, demasiado denso para ser resumido, começa com a seguinte observação: "Sua vida foi tal que poderia tê-la composto um escritor..."; e termina do mesmo modo: "Sua morte foi como sua vida, talhada no mesmo modelo, clama por um novelista (como o sangue de Abel por Deus) que assegure sua conservação na memória dos homens".[14] Essa narração dramática constitui a primeira "história de caso" escrita por Freud, mas nada ali anuncia a psicanálise. Simplesmente as qualidades ali presentes serão encontradas intactas nas histórias de casos analíticos.

Minha vida não tem interesse senão em sua relação com a psicanálise... 37

Se Freud tivesse seguido uma carreira acadêmica — se tivesse conseguido lecionar fisiologia, por exemplo —, talvez se tivesse confirmado nessa forma de sabedoria. Só teria trazido para a humanidade e para si mesmo, uma vez mais, a realização de um ideal muito venerável e muito antigo. Mas não tardaria a encontrar Charcot, que lhe faria ver aquilo que a sabedoria não pode alcançar. Quando falar disso mais tarde, virá à sua mente uma fórmula de iniciação: *Introite, hic dei sunt.** Mas este fundo de sabedoria previamente adquirida não seria inútil e sabemos que mais tarde considerou o estudo da literatura como parte essencial do programa de formação dos analistas.

---

* Latim para "Entre, aqui estão os deuses". (N. E.)

Introite, hic dei sunt

No INÍCIO DO OUTONO DE 1885, é como neurologista que Freud se apresenta na Salpêtrière: traz suas lâminas coloridas de prata segundo o método que inventara e que atraíra Breuer, mas Charcot não se interessa. Ao vê-lo entre os histéricos, Freud se recorda que fora precisamente Breuer quem lhe contara a história de Anna O. e relata o fato a Charcot. Mas nem a anatomia pura nem a psicologia pura parecem atrair seu interlocutor. Freud, de início, fica desconcertado e desconfiado. Finalmente, tem a ideia de se propor a traduzir os livros do professor para o alemão. É aceito, essa ideia arranja tudo, ele é convidado, trabalhos interessantes lhe são confiados. Rapidamente Freud compreende melhor a atitude de Charcot e sente grande admiração por ele.

> Charcot, que é um dos maiores médicos e cujo bom senso toca a genialidade, está simplesmente a ponto de arruinar todos os meus desígnios e opiniões. Às vezes saio de suas aulas como de Notre Dame, com uma ideia inteiramente nova a respeito da perfeição. [...] Se a semente dará fruto um dia, não o sei. Só sei que nenhum ser humano nunca me afetou tanto assim (24 de novembro de 1885).[1]

Charcot cria e suprime os sintomas pela palavra, mas não se trata de magia; ele mostra como os fenômenos histéricos obedecem a leis.

Introite, hic dei sunt

Muitas das demonstrações de Charcot provocavam em mim e nos outros visitantes um sentimento de espanto e uma tendência ao ceticismo que tentávamos justificar apelando para uma ou outra das teorias da época. Ele sempre se mostrava atencioso e paciente em face de tais dúvidas, mas, por outro lado, permanecia inabalável. Foi numa dessas discussões que, a propósito da teoria, ele observou: "Isto não impede que exista" (*dirigia-se a Freud*); tal expressão deixou em meu espírito uma marca indelével.[2]

Com efeito, Charcot tratava as observações clínicas como fatos dos quais inferia conjecturas neurológicas, ao contrário dos clínicos alemães que se baseavam numa teoria fisiológica constituída para "explicar os estados mórbidos". Mas, sobretudo, suas experiências obrigarão Freud a conceber a possibilidade de um pensamento "separado da consciência". É possível constatar o efeito somático de um pensamento

sem que o Eu nada saiba a respeito e nem seja capaz de intervir para o impedir. Se nos lembramos da familiar diferença entre os aspectos psicológicos do sono e da vigília, essa hipótese parecerá menos estranha. Não se deveria objetar que a teoria da cisão da consciência, para resolver o enigma da histeria, não poderia satisfazer a um observador sem preconceitos. Pois declarar que a possessão demoníaca seja a causa dos fenômenos histéricos é bem uma solução que a Idade Média havia escolhido. Bastaria substituir a linguagem religiosa desses tempos obscuros e supersticiosos pela linguagem científica de hoje.[3]

Não se deve ver neste texto nada que anuncie a descoberta do inconsciente: trata-se de algo semelhante à dupla personalidade atribuída aos histéricos, e não da existência de um pensamento inconsciente "normal".

Existem indícios que mostram que Freud, em virtude de sua admiração por Charcot, identificou-se com um histérico. Eis um ponto importante que mais tarde influiria na orientação de sua pesquisa.

Até aquele momento, Freud sofrera de numerosas perturbações que hoje (vagamente, aliás) chamaríamos de "psicossomáticas". Ele se atribuía uma afecção que, na época, se acreditava de natureza física e incurável: a neurastenia. Nós o vemos inquietar-se com sua hereditariedade (considera-a severa) e com as contrariedades que a vida ainda podia lhe reservar; com efeito, para Charcot, a histeria é "a hereditariedade somada aos agentes provocadores". Freud escreve a Martha dizendo que conta com ela para não continuar doente (de "neurastenia", diz). Será preciso algum tempo, já que Charcot não tratava dos histéricos, para que se considere a si mesmo como seu próprio paciente e se qualifique como histérico (nas cartas a Fliess).

Também William James, quase na mesma época, identificou-se com um doente. Mas tratava-se de um epilético de asilo e ele não soube fazer dessa provação mais do que uma "variedade de experiência religiosa", exortando-se a compartilhar os sofrimentos dos infelizes. Mais tarde, A. Brill, em Zurique, identificar-se-ia com um dos esquizofrênicos de quem cuidava. Porém já se conheciam então as ideias de Freud, e Brill pôde se tranquilizar: os mecanismos "patológicos" também existem nas pessoas normais. Freud, que forneceu essa escapatória, ainda não dispunha dela em 1885. Foi-lhe necessário percorrer todo o caminho que o fez se libertar da tradicional segregação psiquiátrica que lançava a "loucura" sobre o doente e enclausurava o médico em sua razão impotente. Os candidatos a analista são, nos dias de hoje, obrigados a repetir essa situação, tomando o lugar do paciente durante a análise, que em francês, curiosamente, é denominada didática, como que para o negar.

"Era um homem de brilhante inteligência"

Quando Freud abre seu consultório em Viena (Páscoa de 1886), os casos que recebe apresentam-se como neurológicos. Mais tarde escreverá: "Meu arsenal terapêutico compreendia apenas duas armas: eletroterapia e hipnose" — no começo, apenas a eletricidade —,

> já que ordenar uma cura num estabelecimento de hidroterapia, após uma única consulta, não resultava num lucro suficiente. No que concerne à eletroterapia, eu me orientava pelo manual de W. Erb, que fornecia prescrições detalhadas sobre o tratamento de todos os sintomas das doenças nervosas.

Foi obrigado a se dar conta de que tais instruções não tinham valor e isto, disse, o ajudou a se desfazer do que ainda podia restar-lhe de fé ingênua em relação às autoridades. "Desse modo, deixei de lado o aparelho, antes mesmo que Moebius tivesse pronunciado estas palavras libertadoras: 'Os sucessos do tratamento elétrico (se é que eles existem) devem-se apenas à sugestão do paciente pelo médico'".[4] Gostaríamos que fosse Freud quem tivesse descoberto esse efeito "de sugestão"... Mas ele ainda estava, no momento de seu retorno de Paris, à procura de um tratamento neurológico e não privilegiava o lado psicológico dos casos de que cuidava. A hipnose, sim, fornece resultados. Charcot a empregava, mas se ocupava muito pouco da terapia. A Escola de Nancy (Bernheim, Liébault), ao contrário, curava pela sugestão sob hipnose, e Freud interessou-se por isto. Mas ele sobretudo não esquecera que Breuer tratara um caso até certo ponto de maneira semelhante. Obriga-o a fazer novamente o relato. Breuer lê para ele suas anotações e, após muita resistência, concorda: farão, em colaboração, um livro sobre a histeria. Parece que Breuer nunca realizou senão esta única terapia, a de Anna O. Mas o que ele fizera era altamente original. Não empregara a sugestão (o que Freud fez, de início); os sintomas da paciente desapareciam quando, por si mesma (sob hipnose), encontrava sua origem ou explicação. Ao que parece, nada teria preparado Breuer para esse tipo de terapia: deixava que sua paciente, uma jovem original, culta, inventiva, paralisada (no sentido próprio e no figurado) pela histeria, agisse livremente. Conhecemos seu verdadeiro nome: Bertha Pappenheim. Ela é quem conduzia o tratamento.

Para Breuer, a hipótese que parecia explicar os fatos clínicos era a de que a histeria se caracterizava pela *retenção* de certas lembranças. Como essa retenção se assemelhava à amnésia pós-hipnótica, Breuer deu o nome de estados hipnoides aos momentos da consciência (ou de uma "parte" da consciência) durante os quais as "ideias" não se associavam, permaneciam isoladas, dando uma impressão de "retenção histérica". Por detrás de cada sintoma, poder-se-ia suspeitar a existência de uma lembrança assim "retida"; fazendo-a aceder

Introite, hic dei sunt

43

à consciência, eliminava-se o sintoma, e desse modo poder-
-se-ia tratar um sintoma após o outro...

Breuer chamava "catártico" a esse método, assimilando-o
etimologicamente a uma purgação, o que se compreende,
dada a sua concepção da retenção psíquica. O caso de Bertha
Pappenheim que, sob o nome de Anna O., figura nos *Estudos
sobre a histeria*, ainda é lido com muito interesse.

Nem que seja apenas pelo fato de não tentar influenciar o
paciente, o método catártico, que só pretende fazê-lo encontrar o que está em si mesmo, encontra-se na origem da psicanálise. Compreende-se, portanto, que Freud, numa época
em que estava de relações cortadas com Breuer, tenha podido
declarar na Clark University: "Se há um mérito em ter dado
ao mundo a psicanálise, ele não me pertence... Eu era ainda
estudante [...] um médico vienense, o doutor Josef Breuer,
pela primeira vez fez uso desse método com uma jovem histérica...".[5] A questão está longe de ser simples. Negou-se, com
frequência, o caráter decisivo da contribuição de Breuer; mas,
de outras vezes, subestimou-se o quanto o método catártico
era simplista em face do que iria se tornar a psicanálise. Os
pontos são os seguintes: 1) Breuer desinteressou-se pelo problema e dentro em pouco veremos por que Freud pôde dizer,
não sem humor, que ele bem deveria ser o inventor, já que
contra ele e não contra Breuer dirigiam-se os ataques dos opositores; 2) além disso, Freud imaginou uma teoria diferente da
teoria da retenção e dos "estados hipnoides", e essa sua teoria
logo se mostrou mais fecunda; 3) depois, o que é mais importante, no decurso de sua amizade com Fliess Freud passou por
estados de "transferência" que modificaram completamente
sua maneira de ver; 4) finalmente, o método catártico nada

mais era que uma terapêutica da histeria: nada nele deixava entrever que dali poderia sair um conhecimento válido para todas as formas de pensamento, normais ou não.

Se Breuer se desinteressou pelo que ele próprio havia descoberto, foi porque, por obscuras razões contratransferenciais (nada disto se sabia na época), sentira grande culpa em face das súbitas manifestações transferenciais de sua paciente. Ele não contara o final da história de Anna O. para Freud; mas este, a partir de confidências parciais, acabou por reconstituí-la com o tempo e, ao submeter sua reconstituição a Breuer, ele a reconheceu como exata. Bertha tivera uma crise de contrações abdominais (causada por uma fantasia de parto); e Freud mais tarde se recordou das palavras que Breuer lhe repetira e que, de início, não pudera compreender. Anna O. dissera: "Agora chega o filho de Breuer". A 2 de julho de 1932 (meio século depois!), Freud escreve a Stefan Zweig:

Naquele momento Breuer tinha na mão a chave que abre (*o que Goethe denomina*) a porta das Mães, mas ele a deixou cair. Apesar de seus grandes dotes intelectuais, ele nada tinha de fáustico em sua natureza. Tomado de um horror convencional, fugiu e abandonou sua cliente a um colega. Ela passou os meses seguintes na clínica, lutando para recobrar a saúde.[6]

Mais tarde, Bertha Pappenheim distinguiu-se como fundadora dos primeiros movimentos de assistência social na Alemanha. É certo que tecnicamente ela não estava "curada", mas como frequentemente acontece — e em parte graças a Breuer — ela transformara uma neurose literalmente paralisante em fonte de energia.

Introite, hic dei sunt   45

Dez anos mais tarde, em 1892, Freud não se encontrava absolutamente capacitado para apanhar a chave que caíra da mão de Breuer, e não tinha a menor ideia de como fazê-lo. Seu objetivo, nessa época, era fazer reconhecer a autenticidade dos fatos histéricos e hipnóticos, era encontrar uma explicação teórica para eles, era aperfeiçoar uma técnica terapêutica, tirando o que pudesse de Charcot, Bernheim... e Breuer! Não podia esperar. Janet, que entrou na Salpêtrière após a partida de Freud, já escrevera o *Automatismo psicológico* (1889), e em 1893 publica os *Acidentes mentais dos histéricos*; por conseguinte, havia que imprimir rapidamente, para estar em dia, a *Comunicação preliminar* sobre os mecanismos psíquicos dos fenômenos histéricos.[7] Não se pode negar que nesse momento (façamos um esforço para esquecer o que se seguiu) há uma certa semelhança entre as ideias de Breuer e as de Janet (a questão da prioridade não se coloca: Breuer tratava de Anna O. numa época em que Janet ainda não vira uma histérica sequer...). Os estados segundos correspondem em parte aos estados hipnoides. Mas Janet tomou posição de tal forma — definitivamente enterrando, por assim dizer, os problemas da histeria no mistério de uma "insuficiência" que sugere um recurso à organicidade — que não vemos como sua teoria pôde se desenvolver, ao passo que, desde o início, as posições de Breuer e de Freud implicavam progressos necessários. Freud, como amiudadamente acontece com aqueles que entreveem uma descoberta, temia que Janet chegasse antes dele, caso lhe dessem tempo. Quando recebe *Neurose e ideias fixas* (1898), escreve a Fliess: "Abri o novo livro de Janet com o coração acelerado. Ao fechá-lo havia recobrado a pulsação normal: ele não tem a menor ideia da solução."[8] Em 1893, as semelhanças relacionavam-se ao fato de que a descrição dos fenômenos obtidos sob hipnose ainda ocupava um lugar importante nas publicações; mas já o essencial — isto é, a obtenção de um efeito *terapêutico* mediante a expressão em palavras da fantasia dominante, o fato de que a própria cura é o instrumento da pesquisa e que serve para controlar as hipóteses — permanece estranho a Janet. Ainda hoje se encontra, entre os psicólogos, objetores que lamentam que a psicanálise não dê lugar à "observação objetiva". Isso é retornar a Janet com setenta anos de atraso.

Na *Comunicação preliminar*, ao lado dos estados hipnoides de Breuer figura a teoria freudiana da *defesa*, isto é, do *recalcamento*. Trata-se de coisas que o doente gostaria de esquecer e que intencionalmente manteve rechaçadas, recalcadas fora de seu pensamento consciente. (Essa ideia já figurara num artigo de Freud, um ano antes.) Freud ainda não acredita que se trate de duas teorias, mas sim de duas variedades de histeria. O essencial é que o estado *separado* (hipnoide ou recalcado) deve retornar à consciência, provocando uma descarga afetiva (a ab-reação), como se houvesse encontrado a solução de um problema ou eliminado um corpo estranho. Pela correspondência, sabemos que essa noção de ab-reação tem sua origem num postulado teórico não verificável: a função do aparelho psíquico é descarregar as excitações para mantê-las no nível mais baixo. É o princípio "de constância". A ele Freud permanecerá para sempre fiel, por uma espécie de ato de fé, porque esse postulado desempenhou importante papel nas orientações teóricas iniciais. Mas tal princípio terá uma aplicação prática cada vez menor. É piedosamente conservado nos templos analíticos; de fato, raramente se recorre a ele.

Introite, hic dei sunt

Bertha (Anna O.), ao descrever seus estados como "nuvens" ou "entorpecimentos", é sem dúvida a inventora dos estados hipnoides. Mas o que se trata de elucidar (a noção de inconsciente ainda é muito vaga) é a divisão da consciência. Freud explica o recalcamento da seguinte maneira: é *voluntariamente* que o sujeito procura desembaraçar-se de uma ideia "incompatível".

Tal ideia não é apagada por essa rejeição, mas apenas rechaçada para a inconsciência... Mas o resultado é algo diferente do que o sujeito visava: o que ele queria era desembaraçar-se de uma ideia como se ela nunca tivesse aparecido, mas o máximo que consegue é isolá-la psiquicamente.[9]

Ele compara essa atitude a uma falta de coragem moral, a uma política de avestruz (daí nascerá a concepção de *resistência*, ligada evidentemente ao fato de que, naquela época, sua técnica comporta encorajamentos e "pressões"...). Quanto à noção de inconsciente, ela ainda não está implicada na *inconsciência* acima referida. A existência de um inconsciente só pode ser *presumida*. Freud nos relata a dificuldade — quando os pacientes, após terem reconhecido a verdade de uma interpretação, acrescentam:

Mas não posso me lembrar de ter pensado isso, é fácil concordar com eles dizendo que se trata de pensamentos inconscientes. Mas então, como integramos esse fato em nossas concepções psicológicas? Será que se deve negligenciar essa recusa de reconhecimento por parte dos pacientes, já que agora, uma vez feito o trabalho (*eles reconheceram a verdade da interpretação, mas não a existência do pensamento*), eles não têm mais a menor razão para a manter? Ou devemos supor que se trata de pensamentos que nunca se apresentaram, e que só tinham a possibilidade de existir, embora o essencial do tratamento consistisse na realização de um ato psíquico que até então não se tivesse dado? Evidentemente é impossível dizer algo a esse respeito enquanto não tivermos clarificado nossas concepções psicológicas.[10]

A clarificação não eliminou completamente o problema, uma vez que, tão tardiamente quanto em 1937, encontramos-lhe um eco notável num artigo sobre as "Construções em análise" (e talvez, também, no artigo sobre "A negação", de 1925).

Mas o que já é decisivo é a afirmação do que se poderia chamar de o axioma de identidade da psicanálise: "Um mesmo fato de pensamento permanece idêntico a si mesmo, quer o sujeito o reconheça ou não como consciente".[11] Este axioma obrigará ao reconhecimento da existência de um inconsciente, e o conhecimento desse inconsciente obrigará a precisar o axioma.

Em 1923, Freud não renega o trabalho de 1895:

O método catártico é o precursor imediato da psicanálise; e, a despeito de toda a extensão que depois tomou a experiência e depois de todas as modificações que a teoria recebeu, a psicanálise ainda contém esse método como seu núcleo. Mas naquela época ele não passava de um novo procedimento médico para atuar sobre certas doenças "nervosas", e nada permitia prever que se tornaria capaz de provocar o maior interesse geral e a oposição mais violenta.[12]

Com os *Estudos sobre a histeria*, muitos pontos se tornaram aquisições definitivas, particularmente o abandono da hipnose e da sugestão, que deu origem à descoberta do método da associação "livre". Duas observações decisivas sobre a sugestão e a hipnose: os doentes que defendem obstinadamente seus sintomas contra todas as sugestões mostram-se tão dóceis "quanto o melhor médium de hospital desde que as sugestões tratem de coisas insignificantes". Quanto à hipnose sem sugestão, tal como Breuer a empregava, apresenta dois inconvenientes: dá resultado apenas com certos sujeitos e, com outros, os resultados não são duradouros (porque as resistências, ao invés de analisadas, foram *evitadas*). Outra observação importante figura no início da análise crítica do caso de Elisabeth von R. Diz Freud:

Nem sempre fui psicoterapeuta. Como outros neurologistas, fui habituado a me referir aos diagnósticos de localização e a estabelecer prognósticos servindo-me da eletroterapia; por isso me espanto ao constatar que minhas observações sobre os doentes são lidas como romances e que não possuem esse cunho de seriedade própria aos escritos científicos. Eu me consolo dizendo que esse estado de coisas é evidentemente atribuível à própria natureza do problema e não à minha escolha pessoal... Uma exposição detalhada dos processos psíquicos, como a que habitualmente encontramos nos romancistas, permite-me, empregando apenas um pequeno número de formas psicológicas, adquirir alguma noção do desenrolar de uma histeria...[13]

Assim, a hipótese de que basta trazer à consciência as lembranças esquecidas para as eliminar "à maneira de corpos estranhos" completa-se com outra dimensão, ainda obscura, apesar de familiar. Mas essa observação não conduzirá Freud aos caminhos de uma análise "existencial". Ele mantém unidos os diferentes níveis, avançando simultaneamente com o aspecto existencial e aquele que mais tarde chamará de "metapsicológico".

A maneira como Breuer teoriza é muito mais simples, uma vez que ele apenas procura *leis gerais* para dar conta do material clínico. Freud não se contenta com isso; são-lhe necessários *modelos*. E, mais tarde, a metapsicologia não o dispensará de também fazer intervir os juramentos, a traição, o destino, os mitos etc. A metapsicologia tomará o lugar que os autores alemães davam à neurologia; mas ela se tornará a base teórica, o fundamento sobre o qual muitas outras coisas poderão se desenvolver.

Duas questões capitais são colocadas, como que superficialmente, nos *Estudos sobre a histeria*, sem que se possa absolutamente adivinhar a importância que irão adquirir: a transferência e a sexualidade.

A sexualidade

A ideia de sexualidade infantil não seria acessível enquanto reinasse a teoria do trauma. Esta teoria é enunciada da seguinte maneira: em sua infância, os neuróticos foram traumatizados por tentativas reais de sedução sexual, numa época em que sua sexualidade ainda estava adormecida; com a puberdade, o despertar da sexualidade torna patogênica a *lembrança* do trauma. Será preciso a descoberta do Édipo para

Introite, hic dei sunt

eliminar essa construção teórica. Mas já nos *Estudos* está clinicamente reconhecido que as lembranças "incompatíveis", formadoras do núcleo do recalcamento, são lembranças sexuais. Breuer manteve-se embaraçado e ambíguo quanto a essa questão. Escreveu que não havia traço de sexualidade em Anna O., e, no entanto, devia saber por que se agarrava nisto. A 8 de novembro de 1895 (os *Estudos* foram publicados em maio), Freud escreve a Fliess:

> Recentemente, Breuer falou de mim longamente na Sociedade Médica, expondo-se pessoalmente e se colocando como convertido à tese da etiologia sexual. Quando o chamei à parte para agradecer, ele desmanchou meu prazer dizendo: "Mas, apesar de tudo, eu não acredito nisto". Compreendes uma coisa assim? Eu não.[14]

Freud, no entanto, acabava de falar nos *Estudos* desse "estado singular em que o sujeito sabe tudo sem o saber... dessa cegueira que nos espantamos de constatar nas mães quando se trata de sua filha, nos maridos quando se trata de sua mulher, nos soberanos em relação a seu favorito".[15] (Ele retomará essa questão complexa da ambiguidade do não saber em 1927 e em 1938, em dois artigos sobre o fetichismo e a clivagem do eu.)

O que acontecia a Breuer já ocorrera antes; mas Freud só iria compreendê-lo muito mais tarde.

No momento em que sua teoria da sexualidade lhe valia uma hostilidade generalizada (1905), certas lembranças, diz ele, voltaram à sua mente. Três homens (Breuer, Charcot e Chrobak) haviam lhe comunicado um saber que, a rigor, não possuíam.[16] Breuer explicara o estado de certa paciente como "segredos de alcova". Charcot, a propósito de um caso análogo, exclamara: "Mas em casos semelhantes sempre se trata da coisa genital, sempre, sempre!". E Chrobak (o eminente ginecologista), mais mundano, declarara que não se podia dar a uma histérica a única receita eficaz: *"Penis normalis* repetidamente...". Interrogados mais tarde (com exceção de Charcot, que já morrera), eles negaram que tivessem dito semelhantes coisas. Tudo isso, diz Freud, enchia-o de espanto. Ele não pensa que, como os outros, sabia sem saber! Faz como se nunca tivesse duvidado de nada. Assume, curiosamente, e de maneira embaraçosa para seus biógrafos, o papel do ingênuo em face dos "maldosos" que sabem como utilizar o não saber contra o saber... Não basta invocar a honestidade científica de Freud: nos outros, a ciência estava separada de um saber "mundano". Mas a "ingenuidade", no sentido válido do termo, proíbe a Freud essa forma de duplicidade, essa *clivagem*. Ela o opõe ao "honesto" Breuer, cuja honestidade se fundamentava nessa duplicidade. Em todo caso, seria muito simplista, e mais angelical que analítico, supor que Freud tivesse a alma "pura" em consequência de "instintos" sexuais pouco exigentes!

Talvez a atitude ambígua de Breuer, que *parece* falta de caráter, se relacione com a hostilidade de Freud para com ele. Mas o ódio de Freud foi, durante um tempo, verdadeiramente muito forte e com certeza baseado em outras razões. Freud não só lhe devia muito, e não apenas dinheiro, como também, e com frequência, modificou assim suas afeições, repetindo, diz ele, a conduta que tivera aos três anos com seu sobrinho... Os homens dos quais se tornou inimigo (Fliess, Jung) são precisamente aqueles de quem, de início, esperara

Introite, hic dei sunt 53

muito. Um elemento "irracional", que mais tarde a elucidação da noção de transferência tornará mais claro, atua aí, e com rara violência.

"Meu outro eu..."

A longa amizade de Freud com Fliess não acontece cronologicamente após sua amizade com Breuer, mas começa em 1887 e de maneira arrebatadora. Muito mais tarde, Freud recordará a Fliess que, no início de suas relações, ele não passava de "um otorrino" (em Berlim). Mas, em 1887, Freud encontra-se em estado de admiração por ele.

A análise não seria o que é sem esse encontro. A influência de Charcot e Breuer sobre Freud pertence à história das ideias. A contribuição de Fliess figuraria de maneira estranha em tal história: com efeito, como fazer figurar ali o que ele, por exemplo, denominou "o papel da mucosa nasal na histeria"? E, no entanto, a influência de Fliess foi maior que a de Breuer! É que, com Breuer, Freud aprendeu muitas coisas; mas com Fliess fez a sua própria análise e de certo modo estabeleceu o modelo da análise (a sua) de maneira tal que as análises posteriores só poderiam repetir.

Dois anos mais moço, Fliess estava mais adiantado na vida e na profissão. É certo que Freud via nele uma imagem idealizada de si mesmo. Por outro lado, chamava-o de "meu outro eu". Temos uma fotografia em que os dois amigos são vistos lado a lado. Apesar da diferença de traços, a semelhança dos dois personagens surpreende a ponto de fazer sorrir. E depois, nenhum analista omitiria o efeito do nome: por detrás do nome de Fliess, há Fleischl e, mais atrás ainda, talvez Fluss...* Sabemos que Freud, mais tarde, não negligenciaria essas semelhanças: ele explicou o amor de Napoleão por Josefina pelos laços afetivos para com José, seu irmão. A análise de seus pacientes (ou a sua?) deveria mostrar-lhe a importância desses encontros.

Conhecemos relativamente bem essa amizade de Freud por Fliess, embora nem *todas* as cartas tenham sido publicadas.** Com ela, enveredamos pelos paradoxos e sutilezas de uma situação analítica que decerto não é reconhecida como tal. Freud, obscuramente, trata Fliess como um "sujeito-suposto-saber" (Lacan) e dele espera um conhecimento do qual Fliess não faz a menor ideia. O resultado é que Fliess acaba por adquirir um saber que, sem forçar demasiado o sentido das palavras, em todo caso não mais do que Freud fará no caso do Homem dos Ratos, que poderíamos chamar de "delirante". Com efeito, é com facilidade que aí se reconhecem os temas clássicos que um complexo de castração mal liquidado pode provocar. São três temas que se interrelacionam: 1) Todos os humanos, ou todos os viventes, estão submetidos a uma lei de periodicidade precisa, segundo o modelo dos períodos menstruais. 2) Todos os humanos são fisiologicamente bissexuados. 3) O nariz e os órgãos genitais possuem a mesma estrutura. Em 1892, Fliess publica um livro sobre a terapia da *neurose nasal reflexa*, onde expõe essas ideias. Na situação transferencial em que se encontra, Freud as admira e as adota. O paradoxo é que essa atitude será muito mais fecunda do que

---

* Interessante notar, no contexto, a semelhança de *Fleischl* com *Fleisch* (carne, em alemão), bem como o sentido de fluxo, jorro de Fluss. (N. E.)
** A edição completa das cartas de Freud a Fliess foi feita somente em 1985. (N. E.)

Introite, hic dei sunt

se as tivesse criticado e rejeitado! Pois essas ideias são verdadeiramente feitas — sem que se saiba disso ainda — da própria matéria-prima da análise. Freud as aceitou como verdades científicas, como palavra de médico e não como delírio de um enfermo. Mas isso importará pouco. O que conta é que, com essas ideias, entramos num domínio muito particular, que com Breuer ele não havia descoberto: aquele onde o saber é alcançado pelos acidentes do desejo inconsciente. Graças a Freud, as ideias de Fliess terão um destino: a teoria da bissexualidade servirá de base para as primeiras explicações da homossexualidade e sugerirá a noção de pulsão parcial, indispensável à elaboração dos *Três ensaios*. O simbolismo sexual do nariz ficará como o modelo de um tipo de deslocamento com o qual a análise se relaciona diariamente. A periodicidade perturbará Freud por muito tempo, mas encontrará seu lugar sob a forma da importantíssima noção de repetição.

A periodicidade está ligada à ideia de morte (o mesmo acontecendo à noção de repetição). Em nome dessa teoria, Fliess fizera a Freud alguma predição imprudente que, na situação transferencial, assumiu força de oráculo. Ou pelo menos Freud acreditava que a data de sua morte estava fixada para 1907. Em 1901, escreverá a propósito de seu interesse pelos cálculos executados pelo inconsciente:

Geralmente acabo em especulações tocantes à duração da vida... E o fato de que meu amigo de B. (*Berlim*) tenha feito dos períodos da vida o objeto de seus cálculos deve ter determinado esses malabarismos inconscientes. Atualmente não estou mais de acordo com uma das premissas em que fundamentava seu trabalho. Por razões perfeitamente egoístas (*viver mais tempo!*), eu ficaria muito satisfeito se as refutasse e, no entanto, parece que, à minha maneira, continuo a imitar seus cálculos.[17]

É verdade que Freud transformou radicalmente as ideias de Fliess, e da maneira mais válida, mas ele nunca deixou de se interessar por elas completamente. Na época, aliás, ele verdadeiramente as tomava como ideias próprias suas, a ponto de levá-las a Fliess como novidades, para grande espanto deste. Severo caso de amnésia, dirá Jones. Na verdade, porém, efeito lógico de uma identificação quase total. É no decurso desse período extremamente perturbado — perturbado precisamente à maneira de uma análise que "caminha" — que Freud fará as descobertas mais importantes e terá aquelas intuições das quais disse que "só se as tem uma vez na vida". Em matéria de psicoterapia, o saber de Breuer talvez tenha trazido uma contribuição indispensável e fornecido uma preparação útil a Freud, mas é em face da ignorância de Fliess que ele dará os passos decisivos.

Nesta relação, a morte — ainda desconhecida, e em face da qual, muito mais tarde, Freud se perguntará com espanto sobre que tipo de resistência a subtraíra por tanto tempo — está em primeiro plano. Manifestações que hoje seriam (erradamente) denominadas psicossomáticas fizeram dele o doente de Fliess. Suspeita que este lhe oculta a doença mortal que o teria atingido e se resigna em face da morte — sem que seja possível, na época, ver nessa resignação o efeito da transferência. Sua "cura" (de pseudo-perturbações cardíacas) ocorre quando se reconhece como histérico (efeito retardado de uma identificação com os doentes de Charcot), isto é, quando "adoece" de um outro modo.

Mas, anteriormente, para escapar ao que no fim das contas será a via da salvação, num último esforço da *resistência*, ele se lança num trabalho teórico que febrilmente prossegue e que é bruscamente abandonado. Trata-se do *Projeto de uma psicologia para neurologistas* que foi publicado com as cartas a Fliess. Pode-se ver nele uma tentativa de dar prosseguimento às pesquisas de Charcot numa base inteiramente nova. Charcot não teve uma psicologia própria e, nesse terreno, aceitara os conhecimentos da época. Sua neurologia era ela mesma marcada por essas preconcepções psicológicas; no fundo, tratava-se de encontrar, na anatomia cerebral, o plano de uma verdadeira *ideologia psicológica*. Suas descobertas devem sua importância ao que ele pôde observar de real na perseguição desse objetivo quimérico. Mas, para ele, propriamente falando, não havia problema psicológico; a psicologia normal era evidente. Quando se tornava perturbada, a tarefa consistia em encontrar a causa dessa perturbação num elemento neuropatológico. Freud dispõe de ideias mais sutis tanto em psicologia quanto em neurologia.

O *Projeto*, que ele remete a Fliess, é de leitura difícil, mesmo agora que dispomos da importante ajuda dos escritos ulteriores para o compreender. Trata-se essencialmente de colocar a teoria psicológica sob forma tal que possa ser lida numa linguagem neurológica, a linguagem hipotética de uma neurologia ainda por se constituir. As ideias mais seguras do *Projeto* serão retomadas no capítulo vii de *A interpretação dos sonhos*, e ali se verá melhor aquilo de que Freud tinha necessidade: um modelo funcionando à maneira de uma máquina e que será, no fim de contas, um modelo fictício, sem qualquer relação com a neurologia. (Assim é que se pode dizer que a metapsicologia surgiria *no lugar* ocupado pela neurologia.)

Mas em 1895, logo após a publicação dos *Estudos sobre a histeria*, essa empresa era prematura e os verdadeiros obstáculos encontravam-se alhures. O indiscutível valor teórico de certas elaborações do *Projeto* não impede que ele tenha desempenhado o papel de resistência no próprio seio da relação com Fliess. Tem-se a prova disto, aliás, no fato de que essa resistência se revela abertamente mal o *Projeto*, que a mascarava, é abandonado: Freud encontra-se num estado que lhe parece "extraordinário". O trabalho teórico não está mais à sua disposição. As ideias emergem e desaparecem, tudo é posto em questão: "Parece-me estar num casulo. Quem sabe o bicho que sairá daí?" (12 de junho de 1897). Freud deixa ver a situação transferencial em que se encontra, mas sem a poder reconhecer, pois ela não corresponde completamente ao que até então ele chamou de "as transferências". Lê-se, de início, coisas tais como: "Toda sorte de coisas boas para te comunicar me vieram estes dias, mas desapareceram. Eis-me obrigado a esperar pelo próximo sopro que as trará de volta"[18] (16 de maio de 1897). (Do mesmo modo, o analisando, deitado no divã, nos diz que teve ideias no elevador, mas que fugiram...) Ou ainda: "Sofri uma espécie de neurose. Estranhos estados que o consciente não conseguiria apreender, pensamentos nebulosos, totalmente encobertos e, apenas de tempos em tempos, um raio luminoso"[19] (12 de junho de 1897). Como não pode violentar-se, abandona o trabalho intelectual que para nada lhe serve. As ideias só lhe vêm como que num devaneio. Seu trabalho com os pacientes mistura-se com o que faz consigo mesmo:

Introite, hic dei sunt

Distingo com muita clareza dois estados diferentes de pensamento. Em um, consigo registrar muito bem o que os pacientes me dizem durante o trabalho e até encontrar ideias novas, mas sem conseguir em seguida refletir, fora desses momentos, nem me ocupar com outra coisa. No segundo estado, tiro conclusões, faço observações, reservando ao mesmo tempo uma parte de interesse livre; mas então fico mais afastado das coisas e não me concentro o suficiente com meus doentes. (22 de março de 1899)

Esse texto, que gostaríamos mais detalhado, deveria ser considerado por quem se interrogasse sobre a origem da *atenção flutuante*. A própria análise de Freud se faz com a de seus pacientes:

Esse paciente se porta desaforadamente bem. Mediante uma virada surpreendente, conseguiu demonstrar-me a realidade de minha doutrina, e isto fornecendo a explicação, que até então me havia escapado, da minha fobia por trens... Essa fobia, que era fobia pela pobreza, ou antes, pela fome, emanava de minha voracidade infantil e foi despertada pela ausência de dote de minha mulher (do que me orgulho).[20] (21 de dezembro de 1899)

O que se chamou de autoanálise de Freud, o que ele próprio denominou assim por algumas semanas (*Selbstanalyse*), é simplesmente a descoberta da análise. A 7 de julho de 1897, ele havia descrito a transferência em termos muito claros, sem a reconhecer teoricamente:

Continuo a não saber o que me aconteceu. Alguma coisa veio das profundezas abissais de minha própria neurose e se opôs ao meu avanço na compreensão das neuroses e tu, ignoro por quê, estavas implicado nisso. A impossibilidade de escrever que me afeta parece ter por fim molestar nossas relações. Não possuo a menor prova de tudo isso e só se trata de impressões inteiramente obscuras.

E acrescenta, como os pacientes em análise: "Certamente o calor e o excesso de trabalho devem representar algum papel em tudo isso".[21]

Édipo

Uma crise curta, mas decisiva e profunda, produzira-se desde 1896. O complexo de Édipo já fizera sua entrada incognitamente, sob a forma da transgressão "real", a do incesto, e um pouco mais disfarçado ainda sob o aspecto do *trauma,* que consistia na sedução da criança por um adulto. Esse trauma era a peça essencial da etiologia da histeria. Como já vimos, a lembrança recalcada do trauma tornava-se patogênica na puberdade (desse modo, a neurose tinha sua origem na infância e seu caráter sexual ficava justificado, mas evitava-se a desagradável noção de uma sexualidade infantil). Freud havia extraído essa hipótese de um pequeno número de casos reais,[22] e de muitos casos em que só se tratava de fantasias. Na realidade, essa hipótese etiológica nada mais era que a resistência que o protegia do conhecimento dos desejos edipianos inconscientes.

Mas Freud apercebeu-se do caráter fantasístico das seduções que os histéricos adultos contam ter sofrido na infância. Tudo parece desmoronar: sua teoria da histeria não se sus-

Introite, hic dei sunt 61

tenta. Ele tenta salvar alguma coisa: "As fantasias reportam-
-se a coisas que a criança ouviu muito cedo e cujo sentido
só compreendeu mais tarde...". Desse modo, a inocência da
criança é de novo conservada, a lembrança se torna patogênica na puberdade.

Essa nova teoria da fantasia é correta em sua essência: nós
a encontraremos no Homem dos Lobos e, além disso, é nela
que subjaz toda a discussão sobre a realidade da cena primi-
tiva. Mas em 1897 Freud não pode acreditar em seus *"neuro-
tica"*, se a realidade do trauma foi suprimida. Ele se encontra,
então, num *estranho* estado de confusão e ao mesmo tempo de
triunfo. Não sabe onde está, nem o que vai fazer, mas escreve:

> Se eu estivesse deprimido, estafado, e se minhas ideias fossem
> nebulosas, semelhantes dúvidas poderiam ser consideradas
> como indícios de fraqueza. Mas como me encontro justamente
> no estado oposto, devo considerá-las como resultantes de um
> honesto e eficaz trabalho intelectual e me sentir orgulhoso, após
> ter ido tão longe, por ainda poder exercer minha crítica. Consti-
> tuirão essas dúvidas uma simples etapa no caminho que conduz
> a um conhecimento mais profundo?

> Freud sabia que a resposta era afirmativa.

> Também é curioso que eu não me sinta de modo algum enver-
> gonhado, o que, no entanto, pareceria natural. É evidente que
> eu não iria contar isso em Gath, não o anunciaria em Ascalon,
> no país dos filisteus — mas, entre nós, sinto-me antes vitorioso
> que vencido (erradamente, porém).[23]

Os parênteses exprimem uma espécie de recuo supersticioso em face de um sentimento de triunfo.

No fundo, o problema com que Freud se defronta possui um antecedente desagradável: a descoberta de que a eletroterapia não repousava sobre coisa alguma. Todavia há que ganhar a vida! "Pena que a interpretação dos sonhos não baste para garantir a sobrevivência de seu autor!" (Freud começou a compreender seus próprios sonhos em 1895.)

Ele de modo algum renunciará à noção de trauma, e o veremos, mais tarde, de novo buscar ancorar a fantasia na realidade da primeira infância ou mesmo na pré-história. Mas antes será preciso que a teoria do trauma seja ultrapassada, pois é ela que barra o caminho ao Édipo.

A apercepção do drama edipiano, já quatro meses antes do abandono do trauma, anunciou-se num sonho, como em Sófocles; e, como em Sófocles, o sonho é interpretado de maneira a mascarar a verdade:

> Sonhei recentemente possuir sentimentos mais do que ternos por Mathilde (*filha de Freud*) mas ela se chamava Hella; em seguida, vi a palavra "Hella" traçada com grandes caracteres. Explicação: uma sobrinha americana, cuja fotografia recebemos, tem esse nome. Mathilde bem poderia ter se chamado Hella, pois recentemente verteu tantas lágrimas por ocasião das derrotas gregas... O sonho mostra, evidentemente, a realização de meu desejo, o de constatar que o pai é o promotor da neurose. Isto põe fim às dúvidas que ainda persistiam.[24]

Essa análise nos mostra, de maneira excepcionalmente clara, como a teoria do trauma, da sedução pelo pai, serve de defesa contra o conhecimento do Édipo. As dúvidas que persistem

Introite, hic dei sunt 63

(entenda-se: após o despertar) são o medo de que o sonho revele um desejo por Mathilde. Se ele revela outro desejo, o de que a teoria do trauma seja verificada, torna-se muito mais tranquilizador. Para nós, que sabemos o que se segue, tal defesa não poderia se manter por muito tempo.

É muito fácil para nós representarmos a posteriori o papel de Tirésias. Mas Freud desempenha o do próprio Édipo! E, como Édipo, ele já era um grande decifrador de enigmas; mas ainda não havia alcançado o essencial e só poderia fazê-lo às próprias custas.

O complexo de Édipo revelou-se a 15 de outubro de 1897. Alguns dias antes do aniversário da morte de seu pai (Jacob Freud morrerá a 23 de outubro de 1896).

É um bom exercício ser inteiramente sincero para consigo mesmo. Veio-me ao espírito uma ideia única, dotada de um valor geral. Encontrei em mim, como em todos aliás, sentimentos de amor para com minha mãe e de ciúme para com meu pai, sentimentos que são, acredito, comuns a todas as crianças mesmo quando seu aparecimento não é tão precoce como em crianças que virão a ser histéricas... Se assim é, compreende-se o efeito surpreendente de Édipo Rei, apesar de todas as objeções racionais que nos fazem rejeitar a hipótese de uma fatalidade inexorável. Compreende-se também por que os dramas de destino das épocas seguintes fracassaram. Nossos sentimentos se rebelam contra todo destino individual arbitrário... A lenda grega, ao contrário, apropriou-se de uma compulsão que cada um pode compreender porque todos encontram a sua marca em si mesmos. Cada espectador foi, um dia, um Édipo em germe, em imaginação, e se horrorizou com a realização de seu sonho, representado como real na cena, e seu horror mede o recalcamento que separa seu estado infantil de seu estado presente. Veio-me também ao espírito que se encontraria a mesma coisa na raiz da tragédia de Hamlet. Não me refiro às intenções conscientes de Shakespeare, mas pode-se supor que ele foi levado a escrevê-lo após um acontecimento real, porque seu próprio inconsciente havia compreendido o de seu herói. Como explicar esta frase do histérico Hamlet: "É assim que a consciência faz de nós covardes"? Como compreender sua hesitação em vingar a morte do pai com o assassinato de seu tio, na medida em que não vacila um segundo em matar Laerte? Como explicá-lo melhor senão pelo tormento que nele provoca a obscura lembrança de ter concebido o mesmo crime (*que seu tio*) contra seu pai, por causa de sua paixão por sua mãe? "Se se tratasse a cada um segundo seus méritos, quem poderia escapar ao castigo?" Sua consciência é seu inconsciente sentimento de culpa.[25]

Os obstáculos foram transpostos, tudo resultou em benefícios, sem que Freud o tenha querido claramente: as flutuações da transferência em relação a Fliess, o trabalho com os pacientes, as relações fantasísticas com os filhos, a morte do pai, a análise dos sonhos. E finalmente uma análise ocorreu, a primeira, que será o modelo de todas as outras. Mas não de imediato. O que provém de direções tão diferentes, como a experiência de Breuer com Anna O. e a de Freud com Fliess, não vai se organizar sem dificuldade. Será em 1907, com o Homem dos Ratos, quando tudo, ainda uma vez, dependerá da transferência do desejo de morte de que Freud será objeto.

Afirmou-se que, desse modo, Freud realizara sua "autoanálise". A 14 de novembro de 1897, ele escrevia: "A autoanálise é

Introite, hic dei sunt

realmente impossível. Só posso me analisar mediante o que aprendo do exterior (como se eu fora um outro). Se fosse de outro modo, não haveria doença". Assim, é impossível analisar-se — como um outro —, e isso não é autoanálise. Fliess, sem nada ter feito para isso, apenas com sua mera existência (nem sequer estava em Viena, mas em Berlim), ao mobilizar o desejo inconsciente tornou possível essa estranha aventura; e foi Freud quem fez com que ela se possa repetir, e ela se repete todos os dias. Inclusive, é certo, com os analistas que não o sabem.

A estrada real

A ANÁLISE DOS SONHOS REPRESENTOU importante papel nessa análise original. Mas Freud imediatamente viu nela uma vantagem considerável: o sonho é um tipo de fenômeno "patológico" normal, exatamente o melhor fenômeno normal para ajudar a compreender os fatos de ordem patológica. Não foi ele o primeiro a ter essa ideia. Ela é clássica, mas antes dele ninguém soubera como utilizá-la. Dizer que a análise dos sonhos vai se tornar a estrada real do inconsciente assume vários sentidos: é o melhor meio para chegar ao conhecimento dos pensamentos inconscientes de um paciente; é o melhor meio para atingir um conhecimento teórico do inconsciente; e o melhor caminho para levar os leitores a admitirem a existência do inconsciente. É certo que esses sentidos não são mais que um. Porém uma coisa é certa: a psicanálise já não está mais confinada à patologia (o que isto significa está longe de ser claro! É o que ocorre na época de Freud: ele pensa que não mais o acusarão de elaborar teorias que não têm o menor interesse para pessoas sãs). Desse modo, a segregação psiquiátrica diminui. A intenção de Freud não se dirigia exatamente nesse sentido, mas teve esse efeito. O mecanismo que se encontra na base dos sacrifícios humanos — a imputação aos outros daquilo que o sujeito recalca — é desvelado e a barreira — a "censura" ou a "defesa" — vai se deslocar para o interior de cada um.

A estrada real

Para chegar a isso foi preciso que Freud se assumisse como doente, não da boca para fora, mas em seu ser, e que empreendesse "curar-se" a si mesmo. Em *A interpretação dos sonhos* há um exemplo que ele interpreta como um sonho "de acomodação". Trata-se de um estudante de medicina que certa manhã fica dormindo em vez de ir para o hospital. Sonha então que se encontra no hospital: belo acordo entre o desejo de dormir e a obrigação de estar no trabalho, uma vez que se vê numa cama em cuja cabeceira está o boletim com o seu nome escrito! Mas nunca o sentido de um sonho é esgotado por uma única explicação. Esse sonho também trai a inevitável identificação do médico com o doente, identificação que a formação psiquiátrica — mas também, de maneira mais obscura, a formação médica — ajuda a superar. Freud a assumiu e, de agora em diante, poderá prover e generalizar essa nova defesa que Brill utilizará: a "patologia" está no inconsciente de cada um.

A partir do momento em que Freud deixou que seus pacientes associassem livremente, conseguiu que lhe contassem seus sonhos. Ele próprio interessava-se pelos seus, muito antes de poder compreendê-los. A 24 de julho de 1895 (os *Estudos* haviam surgido apenas dois meses antes), quando passava as férias no chalé de Bellevue, perto de Viena, conseguiu efetuar a primeira análise sistemática ou detalhada — não se pode dizer completa — de um de seus sonhos, particularmente complicado e obscuro. É o sonho da injeção em Irma, que será o primeiro exemplo de *A interpretação dos sonhos*, em 1899.

A ideia de uma interpretação *completa* não tem sentido; seria possível prosseguir o trabalho indefinidamente ou, então, interrompê-lo pela impossibilidade de continuar, mas não porque se tenham esgotado as significações: todo sonho tem um *umbigo* que se comunica com o desconhecido. Mas, por outro lado, a interpretação implica, evidentemente, aquele que sonha e seus pensamentos mais íntimos, e Freud não pode ir além do que a discrição permite quando se trata de seus próprios sonhos. Desse modo, a análise do sonho da injeção em Irma detém-se justamente no momento em que Freud nos diz dela o suficiente para que compreendamos que sua própria esposa estava em jogo.

Por essas razões, e também pela intenção de estudar os sonhos em si mesmos sem os relacionar com a análise do sonhador (Freud impõe-se a restrição de só se referir a sonhos de pessoas "normais", embora muitas vezes não a cumpra), *A interpretação dos sonhos* assemelha-se um pouco a essas coletâneas de textos utilizadas para se aprender uma língua. Só se conhece da história o estritamente necessário para a interpretação. Era esse exatamente o tipo de trabalho a que Freud se propunha.

A 3 de janeiro de 1899, quando o livro estava terminado, salvo o último e importantíssimo capítulo, ele escreve a Fliess:

> A estrutura do sonho é universal. A chave da histeria, de fato, encontra-se aí. Agora compreendo por que não podia terminar o livro sobre os sonhos; se esperar um pouco mais, poderei descrever o processo mental do sonho de tal modo que inclua o processo de formação dos sintomas histéricos. Esperemos, portanto.[1]

Compreende-se que o que ainda falta para terminar o livro é o capítulo VII, a teoria do funcionamento do "aparelho"

A estrada real 69

psíquico. Ao mesmo tempo, compreende-se que o trabalho é interminável: incessantemente ocorrem-lhe novas ideias que o levam a ultrapassar seu projeto inicial a ponto de ampliá-lo e apresentar uma teoria mais geral, que não havia previsto. Assim é que dirá, no prefácio à primeira edição:

> O sonho é o primeiro membro de uma série de formações psíquicas anormais, dentre as quais a fobia histérica, as obsessões, as ideias delirantes devem, por motivos práticos, interessar ao médico. Como se verá, o sonho não aspira a uma importância desse gênero. Mas seu valor teórico enquanto modelo é muito grande. Quem quer que não tenha conseguido explicar a origem das imagens do sonho procurará em vão compreender as fobias, as obsessões, as ideias delirantes e exercer sobre elas uma influência terapêutica.

Dizer que o sonho é um modelo é dizer que a explicação do sonho servirá de paradigma para a explicação dos sintomas. Mas outra ideia, vagamente percebida ainda, talvez esteja presente: o sonho é um modelo da alucinação, do delírio, assim como o luto será o "modelo" da melancolia... Mais tarde (1917) Freud aproximará esses estados — o sonho, o sono, o amor e o luto —, que têm em comum o fato de serem normais e constituírem uma exceção ao estado psíquico habitual, mas que serão reunidos por outra razão logo após a concepção do narcisismo ter sido formulada.

A interpretação dos sonhos, como muitos outros livros de Freud, apresenta-se como uma longa coletânea de exemplos seguida de um capítulo teórico. Essa composição, aliás, dá uma ideia do método de trabalho de Freud, parcialmente herdado de Charcot, mas talvez também de seu trabalho de laboratório: olhar as coisas por longo tempo para que se ponham a "falar". Os exemplos se dividem por diferentes classes, cada uma delas servindo para ilustrar uma proposição: que o sonho representa a realização de um desejo, que sua elaboração se faz por meio da condensação e do deslocamento etc. Nas conclusões teóricas (capítulo VII), Freud retoma seu *Projeto* de 1895 e, embora tenha abandonado a preocupação de explicar quantitativamente a circulação das *cargas* psíquicas, tal explicação agora se encontra deslocada, em segundo plano. Uma intencionalidade inconsciente, uma vez que o motor de toda máquina é o desejo, sub-repticiamente toma o lugar que, não havia muito, ocupavam as construções descritas com uma espécie de prenoção neurologizante.

O texto do sonho, tal como é apresentado pelo sonhador, foi com frequência comparado, e o primeiro a fazê-lo foi Freud, a um texto a ser traduzido. "Os pensamentos (latentes) do sonho e seu conteúdo (manifesto) se apresentam diante de nós como duas versões do mesmo tema em duas línguas diferentes." Todavia, mais adiante, faz a seguinte restrição: "Ou, mais exatamente, o conteúdo do sonho assemelha-se à transcrição do pensamento do sonho em outro modo de expressão, cujas características e leis sintáticas terão que ser descobertas por nós mediante a comparação entre o original e a tradução".[2]

Ressaltemos essa observação, evidente mas com frequência negligenciada: o "pensamento" do sonho é em si mesmo claro e "lógico", mas não é o Inconsciente, embora seja inconsciente; o texto do sonho é o que está marcado pelo trabalho do Inconsciente. Ao analisarmos um sonho, obtemos o pensamento inconsciente que até então estava oculto, como se

A estrada real

reencontrássemos uma lembrança esquecida; mas é o texto, são suas distorções que vão nos ensinar sobre a "sintaxe" do Inconsciente. Toda a teoria dos *Chistes* (1905) já está em germe nessa tomada de posição. Em outras palavras, não se pode ler *A interpretação dos sonhos* como uma chave e, a cada sonho interpretado, dizer: "Ah, muito bem! Eis então o que isso significa", e acreditar que isso (o que isso significa) é o que Freud entende quando fala do Inconsciente. É verdade que ele não tomou a precaução de distinguir os diferentes sentidos da palavra "inconsciente", expondo-se assim a confusões.

Num primeiro momento, portanto, o texto (manifesto) do sonho remete a um pensamento (latente) assim como um texto modificado, censurado, falsificado remeteria a um original a ser reconstituído. Não se trata de um trabalho de tradução! Pelo menos aqueles que fazem esse tipo de trabalho com documentos antigos não são chamados tradutores. Teríamos uma ideia mais aproximada, embora com isso apenas se invoque uma analogia, se representássemos por qual trabalho poderíamos reconstituir o latim original a partir da versão de um "mau aluno", encontrar, por exemplo, *summa diligentia* dispondo não somente de "o cimo da diligência", mas nos servindo de todos os meios, o contexto, as semelhanças fonéticas etc. Sem contar ainda que o aluno, como o sonho, procedesse a uma revisão secundária e substituísse "cimo da diligência" por "imperial", o que complicaria nosso trabalho. E, se levado a seu termo, esse trabalho nos ensinaria segundo quais leis os "maus alunos" traduzem o latim, do mesmo modo com que a análise dos sonhos nos ensina sobre o trabalho do inconsciente. Trata-se apenas de uma comparação. Mas dizer que os sonhos são textos a traduzir é também muito aproximativo.

É certo que o relato feito pelo sonhador não tem sentido em si mesmo, e as regras que o transformaram não são as mesmas que regem nosso discurso no estado de vigília. Mas os mecanismos do sonho, depois de Freud, tornaram-se muito mais complicados que uma reconstituição de texto. O simbolismo, a censura, as limitações do pensamento "por imagens" são apenas vias de aproximação. Um desejo inconsciente infantil, despertado por um desejo atual, "transfere-se" para um pensamento "normal" e o arrasta, "mergulha-o" no mundo do Inconsciente, onde ele é submetido às leis da sintaxe ali reinantes (as leis do *processo primário*). Ao mesmo tempo, esse pensamento segue um caminho que o conduz aos limites do aparelho psíquico (fictício e não neurológico) encarregados da percepção. É por isso que o pensamento se transforma em percepção, isto é, *alucinação* de uma cena que representa, mais ou menos abertamente, a satisfação do desejo.

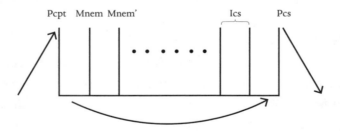

A tópica do "aparelho psíquico" supõe várias instâncias que o "processo de excitação" percorre no sentido da flecha até a "motricidade", para além do preconsciente (Pcs). O sonho regressa em sentido inverso, atravessando o inconsciente (Ics) e as diferentes inscrições mnêmicas (Mnem) até à percepção (Pcpt), onde se transforma em "alucinações".

A estrada real 73

Os limites deste modesto estudo excluem a possibilidade de atrairmos o leitor, como numa cilada, para as perigosas complicações da metapsicologia freudiana. Não se trata, de modo algum, de uma razão para as ocultar, como tão frequentemente se tem feito nos textos de vulgarização. Voltaremos a questões mais simples quando examinarmos exemplos de sonhos. Mas não se pode negligenciar o papel que a linguagem desempenha nesse processo: o pensamento do sonho tem uma forma verbal. Freud foi obrigado a supor a existência de um *pré-consciente* que tem o encargo das palavras. O processo primário traduz essas palavras em imagens, como um fazedor de enigmas, e acontece que o sonho não deve ser interpretado como a pintura de alguma coisa, mas como a representação por assim dizer imagética das palavras.

A interpretação dos sonhos foi escrito durante e graças à crise da relação com Fliess, reforçada pela provação da morte do pai. As soluções se dão no decorrer do trabalho. Assim sendo, seria o livro em que é mais fácil, isolando algumas passagens, colocar Freud em contradição consigo mesmo. Mas é também o livro em que o Inconsciente se mostra aberto, e nenhuma outra obra de Freud jamais dará a mesma impressão.

Retenhamos em todo caso, para resumir o que foi dito, esta frase que é lapidar: "Uma sequência normal de pensamentos só é submetida a um tratamento anormal (tal como ocorre no sonho e na histeria)", e mais tarde será necessário acrescentar aí a neurose obsessiva, "quando lhe é transferido um desejo inconsciente, infantil e recalcado".[3]

O erro tão difundido de que o pensamento do sonho e sua interpretação provêm das "profundezas" do Inconsciente é devido à persistência de um resto de escolástica (os pensamentos provêm da alma e buscam uma linguagem para se exprimir) e também de uma orientação mística (deve haver no fundo de nós um mistério que surge como uma espécie de revelação). É precisamente nesse ponto que Jung se separará de Freud; ele fará da análise uma hermenêutica para ler as grandes revelações do Inconsciente — ao passo que Freud não busca ali senão um "pensamento normal" recalcado e transformado pelo "trabalho" do processo primário.

Esse processo e suas leis são reconhecidos sobretudo pelo uso que o sonho faz da condensação e do deslocamento. A condensação funde várias ideias do pensamento do sonho em uma só imagem do "conteúdo manifesto" (um personagem do sonho, por exemplo, poderá ser interpretado como representante de duas ou mais pessoas), e o deslocamento representa um termo por outro. Por exemplo: uma pessoa indiferente que figura no sonho, pode-se mostrar que é, digamos, a mãe do sonhador pelo fato de que sua imagem tem algum traço comum com a da mãe... Esses mecanismos do inconsciente encontram-se muito visivelmente nos lapsos, nos trocadilhos, mas também na linguagem comum, sob a forma de figuras do discurso (metáfora e metonímia, por exemplo): pois a influência do Inconsciente, dominante no sonho, está sempre presente a cada instante. O estudo do sonho tem, portanto, uma importância considerável. Coloca questões decisivas sobre o discurso em geral, que são precisamente aquelas que uma concepção linear do discurso não permite propor. O Inconsciente com facilidade aparece como uma coisa de que se fala, ao passo que, na realidade, ele fala à sua maneira, com sua sintaxe particular. Ele é, como disse Lacan, "estruturado como uma linguagem".

A estrada real

O fato de o sonho se exprimir por imagens não impede, como já se viu, que a condensação e o deslocamento possam incidir sobre elementos verbais. É pelo fato de o professor *Gärtner** ter uma mulher *florescente* (o que levaria a tentar fazer disto um chiste) que o sonho mostra a imagem de uma monografia sobre botânica (no sonho que traz o título de *A monografia botânica*). Tais exemplos são numerosos. Já nos *Estudos sobre a histeria* uma paciente, Elisabeth von R., representava a imagem de dois médicos (Breuer e Freud!) como *pendendo*, o que significava que um não valia mais que o outro, na medida em que *de-pendiam* um do outro. Outra paciente — e aqui não se trata mais de um sonho, mas de um sintoma, embora a lei de formação seja a mesma — via-se na impossibilidade, aparentemente física, de andar, e parece que isto se devia ao fato de não se encontrar "em pé de igualdade" com os outros. Breuer, por demasiada fidelidade a seus estados hipnoides, aproximava-se, em 1895, das concepções da psicastenia de Janet, explicando esses traços como um simples desfalecimento do espírito crítico ligado a esses estados. Fliess criticava Freud por fundar suas explicações em trocadilhos, e mais tarde seus pacientes, o Homem dos Ratos por exemplo, face a semelhantes interpretações lhe dirão: "É muito superficial, não posso acreditar nisso". Mas Freud não abandonará essa posição. "Todas as vezes", dirá ele, "que um elemento psíquico esteja ligado a outro por uma associação criticável e superficial, existe entre eles um elo legítimo e mais profundo que está sujeito à resistência e à censura". A análise mostra que pode haver uma distância considerável entre o

---

* Jardineiro, em alemão, daí a menção ao chiste logo na sequência. (N. E.)

pensamento "criticável" e o pensamento legítimo. Assim sendo, a associação "superficial": *Gärtner*-botânico-florescente é explicável tão somente, no fim de contas, pelo pensamento "legítimo": "Sacrifico demasiado à minha fantasia", que, à primeira vista, está singularmente afastado dela.

O problema que Freud colocou, e que ainda não foi resolvido, contém obscuridades que não são suas, mas da linguística de seu tempo. Freud não hesitava em confiar nas conclusões dos especialistas. Admitiu as concepções linguísticas correntes em sua época, que logo seriam abandonadas, assim como mais tarde aceitará sem desconfiança o totemismo que naquele tempo estava em moda entre os etnógrafos. Atualmente, quando os linguistas ou os etnógrafos criticam Freud por causa de sua atitude em linguística ou em etnografia, eles não veem mais do que os problemas internos à sua especialidade. Pois não era objetivo de Freud sustentar concepções que tinham sido abandonadas. Quando os linguistas afirmavam que as palavras eram imagens sensoriais de um certo tipo (este também era o ponto de vista de Charcot, naturalmente), que estavam associadas a outras imagens sensoriais, imagens "de coisas" que funcionavam como significados, Freud poderia ter acreditado, mas não se deixou enganar por eles. Tinha necessidade de uma dualidade, era-lhe necessário que ao lado da linguagem manifesta houvesse uma outra; e nunca pensou, como os linguistas de seu tempo, que as imagens eram *aquilo de que a linguagem fala*, uma vez que à sua maneira elas próprias são palavras. As questões que implicitamente colocava aos linguistas de seu tempo permaneceram para os de hoje.

A estrada real

O tio Josef[4]

Há que dar um exemplo de análise de um sonho. Escolherei aquele que é simples e curto em seu enunciado manifesto, a fim de que o exame do próprio enunciado nos retenha o menos possível.

No momento em que se deu o sonho, Freud havia sido recomendado para professor honorário (1897). Ele não tinha muitas ilusões: um de seus colegas, R., recomendado nas mesmas condições, não pudera obter a nomeação porque, como Freud, era judeu.

No dia seguinte a uma conversa que tivera com R., sobre a questão das nomeações, Freud teve o seguinte sonho:

I. Meu amigo R. era meu tio. Sinto por ele grande ternura.

II. Vejo seu semblante diante de mim, um pouco mudado. Parece alongado. Vê-se claramente uma barba loura que o emoldura.

(A primeira parte é um pensamento e a segunda uma imagem. Os sonhos, como todos sabem por experiência própria, não são compostos unicamente de imagens.)

Esse "conteúdo manifesto" parece nada possuir para excitar particularmente a curiosidade. O próprio Freud, que o esquecera ao despertar, riu-se quando ele lhe voltou à mente. Julgou-o absurdo e pensou que não valia a pena analisá-lo.

Mas eu não podia afastá-lo e ele me perseguiu durante todo o dia. Finalmente, à noite, censurei-me por isso: "Se um de teus pacientes, diante de um sonho a interpretar, não encontrasse

78   *Freud e a descoberta do inconsciente*

nada melhor a dizer do que 'É um absurdo', tu o reprovarias e suspeitarias que por detrás do sonho existiria alguma história desagradável que ele preferiria não confessar a si mesmo. Trata-te do mesmo modo. Tua ideia de que o sonho é absurdo certamente trai uma resistência".

Ele então se põe a analisá-lo. Para isso, considera individualmente cada fragmento. Começa pelo tio. Ele tem vários tios, mas aquele que lhe vem à mente é o tio Josef. Qual a "associação" a propósito do tio Josef? Ora, trinta anos antes, esse tio cometera um delito e fora punido pela lei. Seu irmão (o pai de Freud) ficara atormentado por esse fato e tinha o hábito de desculpar Josef dizendo que não houve maldade de sua parte, mas fraqueza de caráter. "Assim, se meu amigo R. é meu tio Josef, entendo por isso que R. é fraco de caráter? Incrível! E muito desagradável."

O rosto do sonho e a cor da barba fazem uma combinação entre R. e Josef. Trata-se de uma *condensação*. A importância tomada pela barba — sua nitidez particular — deve ser um *deslocamento*. (Freud o observa, mas não o explica. Devia ser algo demasiado pessoal!)

Não tenho ainda a menor ideia do que possa significar essa comparação. Meu tio foi condenado, meu amigo R. é irrepreensível... ele apenas pagou uma multa por ter atropelado um jovem escolar com sua bicicleta. Mas pensar nesse "crime" tornaria irrisória a relação... Nesse momento recordei uma outra conversa que tivera dias antes com outro colega, N.; e, agora que pensava nela, tratava do mesmo assunto. Encontrei-o na rua. Ele também havia sido recomendado para o cargo de professor.

A estrada real

Apresentou-me suas felicitações, pois sabia da "honra" que me fora feita com a proposição do meu nome. Logo recusei as suas felicitações: "Você é a última pessoa, disse-lhe, a poder fazer esse gênero de brincadeira. Você sabe, por experiência própria, o que valem recomendações desse tipo". Ao que ele, sem talvez atribuir grande importância, retrucou: "Quem pode saber? Contra mim havia qualquer coisa. Você não sabe que, certa vez, uma mulher quis me processar na justiça? O caso, uma tentativa de chantagem, morreu aí. Mas você, sua reputação está intacta...".

Eis o criminoso encontrado, e também o sentido e a tendência do meu sonho. Meu tio Josef representa meus dois colegas que não foram nomeados, um sob a forma de fraco de caráter, outro sob a de um criminoso. Sei agora por que tive necessidade dessa construção: se a nomeação de meus amigos R. e N. fora recusada por motivos religiosos, minha sorte não seria maior. Mas, se posso atribuir seu fracasso a outros motivos, não atribuíveis a mim, minhas esperanças permanecem inalteradas.

Mas ainda falta, nem tudo está interpretado. O que se descobriu: o desejo de Freud de que o fracasso de seus colegas se explique por razões que não sejam válidas para ele; mas, no interesse desse desejo, com que desenvoltura e egoísmo ele trata seus colegas! Ele os *sacrifica* a seu desejo. (Será mais fácil desculpá-lo se admitirmos que o sonho apenas se serve dessas figuras como simples meios de expressão...)

Acho agora que há uma parte do sonho que não foi tocada pela interpretação: o sentimento de cálida ternura que eu tivera por R. ao ter a ideia de que ele era meu tio. De onde viria esse sentimento? Evidentemente eu jamais senti qualquer ternura por meu tio Josef. Há longos anos que R. me é caro. Mas se eu o encontrasse e exprimisse meus sentimentos em termos relacionados com o grau de ternura sentida no sonho, ele certamente ficaria espantado. A ternura sentida por ele no sonho parece-me falsa e exagerada, assim como o juízo concernente às suas qualidades de inteligência, que eu expressei por meio da condensação de sua pessoa com a de meu tio — embora aqui o exagero seja em outro sentido... Mas vislumbro uma outra luz: a ternura não pertence ao conteúdo latente do sonho, aos pensamentos dissimulados. Ela os contradiz e está calculada para impedir a interpretação. Esta, provavelmente, é a sua razão de ser. Recordo minha resistência para efetuar a interpretação desse sonho, adiando-a e declarando o mesmo como absurdo. Minhas curas psicanalíticas me ensinaram como se deve interpretar uma recusa dessa ordem: ela não tem valor de julgamento, porém nada mais é do que a manifestação de nossos afetos. Não queria interpretar o sonho porque a interpretação continha algo contra o qual eu resistia. Quando a completei, tomei conhecimento do que era: eu resistia contra a asserção de que R. era um fraco de caráter. A ternura que sentia por ele, não provindo dos pensamentos latentes, tinha sua origem nessa resistência. Se o conteúdo latente sofrera uma primeira distorção e, em seguida, uma outra em sentido contrário, então a ternura manifesta no sonho devia estar a serviço dessa última distorção.

Isso significa que o pensamento latente do sonho — a saber, que R. é um fraco de caráter (o que é *desejado*, pois assim Freud poderia ser nomeado) — é uma distorção em relação aos verdadeiros sentimentos e à verdadeira opinião do sonhador. É, por assim dizer, uma mentira interesseira, uma

A estrada real 81

calúnia. Tal calúnia deve ser mascarada, hipocritamente, por uma distorção em sentido contrário: o sentimento de afeição. Mas as duas distorções não provêm do mesmo "lugar", da mesma "instância". A calúnia faz parte do pensamento que foi recalcado. A afeição está a serviço do recalcamento.

A calúnia está a serviço do desejo (trata-se do desejo de ser nomeado, mas veremos que um desejo infantil inconsciente encontra-se aí "transferido"), e por isso está no pensamento latente. A afeição só serve para dissimular essa mentira, para inocentar o sonhador.

A análise de um sonho nunca é terminada. De que modo esta poderia continuar? Parecia a Freud que seu desejo de ser nomeado professor extraordinário não era muito importante e não teria força suficiente para justificar tantas distorções. "Se fosse verdade que eu estava a tal ponto sedento por esse gênero de honrarias, isso mostraria uma ambição patológica que eu não reconheceria em mim, que acreditaria estranha a mim."

Duas lembranças vêm à mente de Freud. Haviam lhe contado que, por ocasião de seu nascimento, uma velha camponesa profetizara que ele seria um grande homem. Mais tarde, quando tinha doze anos, lembrava que um adivinho havia predito que ele se tornaria primeiro-ministro (era a época do "ministério burguês"). Essa tradição familiar e essa lembrança pessoal relacionavam-se com a hesitação com que enveredou nos estudos médicos: acalentara por algum tempo a ideia de cursar Direito.

Mas retornando a meu sonho, começo a perceber que ele me transportou para longe da triste realidade, para essa época de risonhas perspectivas, a época do "ministério burguês", e que se esforçou por realizar meus desejos de então. Maltrato dois eminentes e sábios colegas porque eles são judeus, tratando a um como fraco de caráter e a outro como criminoso, conduzindo-me como se eu fora o ministro. Coloquei-me em seu lugar. Que reviravolta! Sua Excelência recusou-se a me nomear professor extraordinário e eu me vingo tomando o seu lugar.

Tal interpretação tem algo de surpreendente. Nenhum "simbolismo", nenhuma habilidade em "adivinhar enigmas", nem mesmo uma ciência do pensamento inconsciente poderia fornecê-la a quem só tivesse o texto do sonho. São necessárias, aí, as "associações" do próprio sonhador. Mas, no fim das contas, o que ela revelou não foi o pensamento normal e "racional", que se enunciaria da seguinte maneira: "Eu bem que gostaria de ter mais chances de ser nomeado do que R. e N. tiveram", pois esse pensamento não está oculto tão profundamente e nem é, de modo algum, criticável. Mas esse desejo, ao atrair um outro mais antigo, submete o pensamento ao "trabalho do sonho", ao "processo primário", e retorna sob uma forma em que parece incompreensível. Sob essa nova forma, revela muitas coisas "inconscientes"; mas, do Inconsciente, ele só revela um desejo infantil. Falar assim é apenas antecipar a respeito das distinções que Freud mais tarde fará.

Sabemos que a ambição de Freud remontava a mais longe e, mesmo se não o soubéssemos, teríamos o direito de pensar que, antes de desejar tomar o lugar do ministro, ele desejou o de seu pai. O complexo de Édipo foi descoberto no momento mesmo em que Freud concluía a redação de *A interpretação dos sonhos*, em cujas páginas lhe dera um lugar insignificante. Mas recordou, a propósito de outro sonho, que na infância

A estrada real 83

urinara na cama de seus pais, e como o pai o criticara por isso. O pequeno Freud replicara com o oferecimento fanfarrão de lhe comprar uma cama muito mais bonita (vermelha e nova). Essa cena original da ambição não era uma lembrança pessoal, fora-lhe contada por seus pais. Mas ela se repetiu:

> Quando eu tinha sete ou oito anos... uma noite faltei às regras da decência e cedi às necessidades da natureza no quarto de meus pais e em sua presença. Em sua reprimenda, meu pai disse: "Este menino não presta para nada". Isso deve ter sido um terrível golpe para minha ambição, pois alusões a essa cena retornam incessantemente em meus sonhos, associadas à enumeração de todos os meus sucessos.[5]

Note-se, nessa passagem, a verificação dessa fórmula à primeira vista enigmática: a ambição é de origem uretral.

É certo que esse sonho não foi completamente analisado. Mas ele nos levou mais longe do que de saída poderíamos imaginar.

Com a teoria dos sonhos, os fundamentos da psicanálise encontram-se solidamente colocados, e um grande número de trabalhos ulteriores decorrerá diretamente dela. *A psicopatologia da vida cotidiana, Os chistes e sua relação com o inconsciente*, a análise da *Gradiva* de Jensen, a análise de Dora e, mais ainda, a do Homem dos Ratos são aplicações ou corolários (apenas escólios) de *A interpretação dos sonhos*.

A descoberta do sentido dos sonhos ensinou-nos de início sobre a existência de dois processos e, sobretudo, que o processo primário está a serviço do desejo inconsciente.

A transferência desse desejo para as imagens, para os "restos diurnos", apresenta um caso particular que Freud notou: o caso em que a imagem do analista funciona como um vulgar "resto diurno" e suporta a transferência do desejo. Trata-se apenas, diz Freud, de um caso particular, e isso não faz *nenhuma diferença*, quer se trate de imagem do analista ou de qualquer outra. Há que entender: isto não faz a menor diferença do ponto de vista da metapsicologia. Trata-se do mesmo mecanismo. Freud ainda não havia teorizado sobre algo que, no entanto, acabava de viver com Fliess e que logo irá assinalar: que a transferência em relação ao analista vai ocupar o lugar da hipnose, e que é isso que proporcionará a explicação dos efeitos da hipnose! Para Breuer, a hipnose suprimia a "retenção" histérica. Para Freud, a transferência logo começará, através das resistências, a abalar evidentemente o recalcamento do desejo inconsciente, transformando-se no instrumento da cura, tal como a hipnose para Breuer. Ora, o ponto de partida de tudo isto havia sido a teoria da transferência do desejo para os restos diurnos do sonho. Mas ainda não se tinha o menor traço desse desenvolvimento.

Por ocasião de seu aparecimento, *A interpretação dos sonhos* caiu no vazio. Não houve ninguém que se desse conta de que uma revolução havia ocorrido. A modesta edição de seiscentos exemplares levaria dez longos anos para se esgotar. O livro provocou alguns raríssimos artigos, desfavoráveis, que não o impediram de passar despercebido. Não chocou os leitores, nem provocou escândalo, como iria ocorrer com as publicações de 1905; foi tomado como um livro místico que dava as costas à ciência. Não foi compreendido.

A estrada real

O prefácio à primeira edição dirigia-se ao mundo médico, aos especialistas em psicopatologia. Dez anos mais tarde, ao prefaciar a segunda edição, Freud começa assim:

Meus colegas de psiquiatria parecem não se ter dado ao trabalho de superar o primeiro momento de espanto provocado por minha nova maneira de abordar o problema do sonho. Quanto aos filósofos profissionais, eles estão habituados a tratar dos problemas da vida onírica (a qual entendem como um mero apêndice do estudo dos estados de consciência) em poucas palavras; e é claro que não souberam ver que ali havia algo cujas consequências fatalmente transformarão nossas teorias psicológicas. Os relatórios nas revistas científicas só levariam a supor que meu livro estivesse condenado a se perder num silêncio total. Por outro lado, o pequeno grupo de corajosos partidários que praticam a psicanálise médica sob minha direção e seguem meu exemplo interpretando os sonhos, servindo-se de suas interpretações no tratamento das neuroses, nunca foram numerosos o suficiente para esgotarem a primeira edição. Desse modo, minha dívida é para com um círculo mais amplo de leitores instruídos e curiosos, e é por eles que retomo uma vez mais, após esses nove anos, esta obra difícil, mas em muitos aspectos fundamental...

Nessa data, verão de 1908, Freud tinha poucas modificações a fazer. Mas acrescenta:

Além disso, este livro possui um valor subjetivo para mim — uma significação que só pude compreender após terminá-lo. Descobri que era uma parte de minha própria análise pessoal, de minha reação à morte de meu pai, a perda mais pungente que um homem pode sofrer. Tendo descoberto isso, não me senti à vontade para apagar os traços dessa vivência...

Através dos prefácios sucessivos, segue-se menos o destino do livro que o avanço da doutrina. Em 1911, Freud observa que faltavam ao livro complementos concernentes à sexualidade e ao simbolismo (que tentou acrescentar), e prevê o que será necessário acrescentar mais tarde: levar em consideração as obras da imaginação, os mitos, os usos linguísticos, o folclore. No entanto, a partir dessa data, o texto não mais será modificado e, em 1918, Freud decide tratá-lo como um documento "histórico", isto é, decide fazer dele o testemunho do estado em que se encontrava a psicanálise por ocasião das três primeiras edições. Mas não há a menor dúvida de que a obra é mais do que um testemunho histórico; ainda hoje, é um texto básico que não se pode negligenciar.

Se Freud apresentasse a primeira edição a seus colegas e se não houvesse no livro o menor traço que pudesse provocar protestos ou escândalo, haveria pelo menos como que um pouco de desafio na sua publicação. A epígrafe colocada no livro — um verso da *Eneida*, "*Flectere si nequeo Superos, Acheronta movebo*"* — pode ser compreendida de várias maneiras. É certamente uma alusão ao destino do recalcado que, como não se pode fazer reconhecer pelo que Charcot denominava "a consciência oficial", levará a perturbação às profundezas. Mas o próprio Freud se comparava ao recalcado; também ele se preparava para revolver o Aqueronte contra todas as resis-

---

* Em tradução livre: "Se não posso dobrar os poderes celestiais, revolverei o Inferno". (N. E.)

A estrada real   87

tências. E se o leitor duvida que essa epígrafe também tenha
tido esse sentido, eu lhe lembraria que Freud inicialmente
dirigira sua escolha para uma citação de Milton que, esta sim,
não deixa a menor dúvida:

Let us consult
What reinforcement we may get from hope,
*If not what resolution from despair.**
(*Paraíso perdido*, I, 196)

Ele preferiu o verso de Virgílio porque o inferno ali é nomeado.

Psicopatologia da vida cotidiana

Em 1901, a pedido de um editor, ele publica um resumo de
A interpretação dos sonhos onde habilmente sintetiza o essencial em cinquenta páginas. Mais tarde, retornará várias
vezes a esse assunto e, a partir do momento em que procura
distinguir sua posição da de Jung, insistirá na observação —
que já figura com destaque em *A interpretação dos sonhos* — de
que a função do sonho é apenas a de proteger o sono; mas
não é a função que o sonho pudesse ter que o preocupava. O
que ele buscava era um *modelo.*

Em todo caso, em 1901 ele estava menos preocupado em
aprofundar suas descobertas sobre o sonho do que em es-

---

* Em tradução livre: "Indaguemos/ Que socorro encontrar na esperança/
Ou que resolução no desespero". (N. E.)

tendê-las a campos vizinhos. Não há a menor dúvida de que os exemplos que vai analisar na *Psicopatologia da vida cotidiana* lhe interessavam por si mesmos (muitas histórias de atos falhos ou de lapsos assemelham-se a chistes), e esta é certamente a razão pela qual não deixou de acrescentar novos exemplos a cada nova edição, o que em nada aumentava o alcance do livro. Mas esse estudo provava, num domínio menos misterioso que o do sonho, e onde cada um ficava imediatamente à vontade para verificar, a pertinência de um modelo construído a partir do sonho e da histeria. Com efeito, o domínio da "patologia cotidiana" era muito mais acessível.

O problema enfrentado é, a grosso modo, o mesmo apresentado nos *Estudos sobre a histeria*: Breuer, na época, invocava um enfraquecimento do senso crítico nos "estados hipnoides" e Janet, uma "astenia" nervosa — no que estavam de acordo com a opinião corrente (ou antes, a opinião corrente mantinha certa dúvida, mas a opinião por assim dizer oficial afirmava que os esquecimentos, os lapsos etc. não tinham mais *sentido* do que os defeitos que a execução de um trabalho inevitavelmente apresenta; essa visão era um eco da velha teoria da "resistência da matéria", segundo a qual um artesão, por exemplo, não pode copiar exatamente um modelo; haveria sempre uma diferença *acidental* que não necessita da menor justificação, do mesmo modo que, se digo uma palavra por outra, não há que ver aí senão um acidente absurdo desse gênero). Freud opõe-se a essa concepção e sustentará, no último capítulo, a tese do determinismo psíquico absoluto. O livro está estruturado como *A interpretação dos sonhos*: séries de exemplos classificados e interpretados, e um capítulo teó-

A estrada real

rico. Mas aqui a teoria é muito mais fácil. Os exemplos falam por si e o conjunto é muito convincente. Mais tarde, quando Freud teve que expor o que era a psicanálise para um auditório leigo, ele sempre começou com exemplos tomados de empréstimo à psicopatologia de nossa vida cotidiana, porque eram os mais convincentes.

A questão o ocupava desde algum tempo. Dois artigos, um sobre o esquecimento dos nomes próprios, outro sobre as lembranças encobridoras, haviam aparecido em 1898 e 1899. Apenas o primeiro foi retomado no livro. O segundo disfarçava, já o vimos, um episódio autobiográfico; Freud deve ter temido que o disfarce fosse descoberto e recorreu a outros exemplos menos satisfatórios. A obra também trata dos diversos tipos de lapso, dos erros, dos atos falhos de toda espécie e, de maneira um pouco inesperada, da superstição em relação aos jogos numéricos — eco da periodicidade de Fliess, como vimos.

"Oficialmente" (não se ousa dizer *teoricamente*) os lapsos não tinham sentido. Não obstante, havia já muito tempo que os romancistas e os dramaturgos os haviam utilizado para fazer entrever os pensamentos secretos de seus heróis. O sentido oculto de um lapso, ao menos em certos casos fáceis, não escapava forçosamente ao ouvinte. Só que, se essas espécies de "subentendidos" exercitavam o *esprit de finesse* das pessoas sutis, isso se dava em oposição ao pensamento geométrico. Este último limitava-se a notar as semelhanças entre os elementos verbais, enquanto a teoria do lapso afirmava que o erro provinha de uma confusão: o "pensamento" apreendia uma palavra que não era a adequada, porque sua semelhança formal com a palavra correta o enganava...

Pela maneira como o lapso utiliza os elementos verbais, reconhecem-se facilmente o deslocamento e a condensação descobertos na análise do sonho, isto é, os efeitos do processo primário aplicando-se às próprias palavras. A questão não deve ser simplificada, pois, diz Freud, o lapso *utiliza* as similitudes entre os elementos condensados ou deslocados, mas não tem neles a sua causa. Aliás, essa similitude não é forçosamente verbal; às vezes, por lapso, substitui-se uma palavra por outra que quase não se lhe assemelha. Nos próprios termos de Freud, que acabaram por se tornar inadequados, a similitude pode ser encontrada "nas coisas" ou em "suas representações verbais". Se os termos que Freud ali utiliza pertencem a uma concepção linguística refutada, a questão que ele suscita permanece válida. O viajante que, na Itália, precisa de uma correia e pede na loja uma *ribera* não o faz porque a palavra correta, *"corregia"*, se assemelhe a *"ribera"*, e sim porque Ribera e Correggio se assemelham *enquanto pintores*. Em outras palavras, não importa como, o lapso possui um lado secreto, um outro *discurso* inconsciente, latente, que vem se misturar ao discurso manifesto. Considerar unicamente as similitudes verbais manifestas, que veremos como suficientes para a explicação do esquecimento dos nomes, não basta para explicar os lapsos.

Deve-se entender que, se o deslocamento e a condensação se manifestam, isto só pode ser um efeito, mesmo que disfarçado, de um desejo inconsciente, como no sonho. Se Freud, ao entrar em férias, data uma carta de outubro ao invés de setembro, é porque um cliente marcou entrevista para outubro e Freud gostaria que ele ali já estivesse. Se um americano quer convidar sua esposa para vir se juntar a ele pelo navio

A estrada real

Mauretânia se dá conta, com alguma emoção, de que escreveu *Lusitânia*, sua emoção é justificada pelo fato de que seu lapso lhe revela um desejo que preferiria recalcar.* Em *A interpretação dos sonhos*, Freud observara que "o trabalho do sonho", que se exerce sobre um "pensamento" que o pré-consciente colocou sob forma verbal e do qual deve fazer uma espécie de *rébus* ou enigma (o conteúdo manifesto), não se obstina na escolha de palavras: ele as troca tanto quanto for necessário para encontrar as similitudes ou os acidentes que lhe são favoráveis. É assim que procedem o poeta, o espirituoso ou o trocadilhista. Nós não *fazemos* nossos lapsos exatamente dessa maneira, eles se fazem "sozinhos", mas o mecanismo é o mesmo; simplesmente as palavras que se apresentam economizam uma parte do trabalho. Poderíamos falar aqui de uma "complacência" verbal.

Mas se o lapso mostra "o outro discurso" irrompendo na fala que julgávamos controlar, o esquecimento de nomes próprios nos faz ver a contrapartida desse mecanismo; pois, aí, é a palavra que julgávamos controlar que nos escapa, arrastada, no recalcamento, com o discurso inconsciente.

Eis a primeira análise de um esquecimento dessa ordem...

Em 1898, o nome que eu em vão me esforçava por recordar era o do mestre ao qual a catedral de Orvieto deve seus magníficos afrescos, que representam os quatro "fins últimos". Em lugar do nome buscado (Signorelli), dois outros nomes de pintores,

---

* O *Lusitânia* foi um navio de passageiros britânico bombardeado pela Marinha alemã durante a Primeira Guerra Mundial, causando a morte de mais de mil pessoas. (N. E.)

Boticelli e Boltraffio, impuseram-se à minha memória, mas eu logo os reconheci como incorretos. E, quando o nome correto foi pronunciado diante de mim, eu o reconheci sem a menor hesitação.[6]

Os "quatro fins últimos" são a Morte, o Juízo, o Inferno e o Céu.

No momento em que Freud se apercebeu do esquecimento do nome de Signorelli, "que me era", diz ele, "tão familiar quanto um dos nomes substitutos e muito mais conhecido que o de Boltraffio", estava viajando de carro para uma cidade de Herzegovina, com um companheiro. Foi para esse companheiro de viagem que ele quis falar a respeito de... do pintor cujo nome lhe escapava.

O esquecimento do nome só se tornou explicável quando me lembrei do assunto que discutíamos imediatamente antes de nossa conversa sobre a Itália, e ele então apareceu como um exemplo da perturbação trazida a um tema novo pelo tema precedente... Estávamos conversando sobre os costumes dos turcos da Bósnia-Herzegovina. Eu me reportara ao que me havia contado um colega que exercia a medicina entre eles, a saber, que têm plena confiança no médico e são muito resignados em face do destino. Quando se é obrigado a informá-los de que o estado de um doente que lhes é próximo é desesperador, respondem: "*Herr* (Senhor), não falemos mais disto. Eu sei que se fosse possível salvar o doente o senhor o teria feito".

Temos aí dois nomes: Bósnia e Herzegovina, e uma palavra, "*Herr*", que se deixam intercalar, os três, numa cadeia de associações entre Signorelli-Boticelli-Boltraffio.

A estrada real 93

Herr, com efeito, encontra-se em "Herzegovina", mas também, por sua tradução (de outra maneira, portanto), em *Signorelli*. Trata-se de proceder, como na análise do sonho, procurando associações no material manifesto. (O texto de Freud permite supor que seu companheiro recordou-lhe o nome esquecido; mas o que ele procura não é mais o nome, e sim as razões do esquecimento.) Freud lembrava-se de ter querido recontar uma história que ouvira do mesmo colega e que,

em meu espírito, relacionava-se inteiramente com a anterior. Os turcos atribuem maior valor aos prazeres da sexualidade que a qualquer outro e, no caso de dificuldades sexuais, caem num desespero que contrasta singularmente com sua resignação em face da morte. Um dos pacientes de meu colega dissera-lhe: "*Herr*, o senhor deve saber que, se isto acaba, a vida não tem mais valor". Eu não quisera me referir a esse traço característico nem abordar esse assunto com um desconhecido. Fizera mais: afastara da mente outros pensamentos que pudessem surgir relacionados com a morte e a sexualidade. Ainda me encontrava sob os efeitos do golpe de uma notícia recebida em Trafoi (no Tirol): um paciente que me dava muita preocupação suicidara-se por causa de perturbações sexuais incuráveis. Estou certo de que esse triste acontecimento, e o que a ele se podia associar, não me retornou conscientemente à memória durante a viagem, mas a semelhança entre "Trafoi" e "Boltrafffio" me força a admitir que essa reminiscência, embora deliberadamente eu a mantivesse afastada de minha atenção, agia em mim naquele momento.

Observemos na passagem acima esse exemplo de sobre-determinação; pois é impossível compreender a posição de Freud, tanto na explicação do sonho quanto na do chiste, do lapso etc., se negligenciarmos esse ponto. Boltraffio foi escolhido como nome substituto porque ele convinha, enquanto nome de um pintor italiano exatamente da mesma época de Signorelli, mas também porque ele contém "Trafoi"; associação que se pode considerar superficial ou sem significação, como aquelas das quais se diz, em *A interpretação dos sonhos*, que escondem outra associação mais racional e, muitas vezes, como veremos, mais complicada. Por outro lado, esse nome também foi escolhido em razão da sílaba *Bo* ("*Bó*snia"). Diz Freud:

> Não posso mais considerar o esquecimento do nome Signorelli como obra do acaso. Há que reconhecer aí um motivo oculto. Fora esse motivo que me fizera interromper o que contava sobre os costumes dos turcos e que também me fizera rejeitar as ideias relacionadas às notícias recebidas em Trafoi, recusando-lhes o acesso à consciência. Eu queria esquecer alguma coisa, eu a recalcara.

(Estas últimas palavras reproduzem quase que exatamente uma formulação dos *Estudos sobre a histeria*, aqui citada, p. 47.) Assim, o nome do pintor italiano associado a certas ideias de morte e de sexualidade *recalcadas* havia sido arrastado com elas para o inconsciente. Entenda-se que as ideias de morte e de sexualidade por si mesmas não têm esse efeito: Freud não havia esquecido o tema dos afrescos, nem os quatro fins últimos de que a morte faz parte. Nem as histórias sexuais dos

A estrada real 95

turcos: o recalcamento não estava aí (estava ligado à notícia recebida em Trafoi). Essa passagem da *Psicopatologia da vida cotidiana* aparecera em um artigo, em 1898. Lia-se ali a mesma frase que em *A interpretação dos sonhos*, a qual ainda não havia sido publicada:

Pelo viés de associações superficiais, uma cadeia de pensamentos recalcados apodera-se de uma ingênua impressão recente e a arrasta consigo no recalcamento. O mesmo mecanismo que provoca a substituição dos nomes de Botticelli e Boltraffio também rege a formação dos pensamentos obsessivos e das paramnésias paranoicas.

A questão das lembranças encobridoras é interessante pela maneira como ilustra a fecundidade do trabalho feito sobre o sonho, mas Freud, como se sabe, não retomou o artigo de 1899 onde figurava seu melhor exemplo, tirado de sua análise pessoal. Eis o momento de dizer algumas palavras a respeito desse trabalho. Já tivemos oportunidade de ler um extrato dele retirado, nas páginas 25 e 26. O método "catártico", assim como as primeiras formas da psicanálise que se lhe seguiram, induziam no sentido de um grande interesse pela exploração das lembranças mais antigas. As leis de conservação das lembranças da primeira infância revelavam-se surpreendentes: acontecimentos importantes e impressionantes muitas vezes não deixam o menor traço, ao passo que outras lembranças, cuja insignificância é espantosa, não só são rememoradas como parecem se ter imprimido com particular nitidez, e se apresentam com essa "ultraclareza" que a experiência de Freud ensinou a considerar como sinal de um deslocamento.

96   *Freud e a descoberta do inconsciente*

O que é deslocado é, por assim dizer, a própria importância, sob forma de "intensidade psíquica" (primeira forma da teoria do investimento). Esse fenômeno escapou aos psicólogos porque a consciência não é capaz de reconhecer nada desse gênero senão ao preço de fazer disso um erro de raciocínio ou um deslocamento destinado a produzir efeitos espirituosos.

A afirmação de que uma intensidade psíquica possa ser deslocada de uma representação (que é então abandonada) para uma outra (que desde então desempenha o papel psicológico da primeira) é tão desconcertante a nossos olhos quanto certos traços da mitologia grega: por exemplo, quando lemos que os deuses cobriam algum mortal com um véu de beleza, ao passo que não conseguimos senão pensar numa transfiguração do semblante por alguma modificação da expressão.[7]

A lembrança encobridora que Freud teve que explicar em sua própria análise, ele a apresentou aos leitores como pertencente a outra pessoa, a um homem culto que se interessava pela psicanálise, "embora sua profissão fosse de natureza muito diferente", e isento de neurose ou então "ligeiramente neurótico naquele momento". A lembrança é contada exatamente como um sonho:

> Vejo uma campina retangular, em declive, coberta por uma relva verde e espessa. Sobre a relva existem muitas flores amarelas (aparentemente dentes-de-leão comuns). No alto da campina há um chalé. Diante de sua porta estão duas mulheres muito ocupadas em tagarelar, uma camponesa com um lenço de seda sob a forma de coifa na cabeça e uma ama-seca. Três crianças

A estrada real 97

brincam na relva; eu sou uma delas e tenho entre dois e três anos. As outras duas são meu primo, que tem um ano a mais que eu, e sua irmã, que tem quase a minha idade. Estamos colhendo as flores amarelas e cada um de nós segura um ramalhete feito das flores colhidas. A menina possui o mais bonito. E, como que de comum acordo, nós, os dois meninos, caímos sobre ela para tirar-lhe as flores. Ela sobe a campina chorando e, para consolá-la, a camponesa lhe dá um grande pedaço de pão preto. Basta-nos ver isso para jogarmos fora nossas flores, corrermos até o chalé e também pedirmos pão para nós. E, com efeito, ele nos é dado. A camponesa corta o pão com uma grande faca. Em minha lembrança, o pão tem um sabor delicioso — e nesse ponto a cena se desfaz.[8]

A análise dessa lembrança será conduzida como aquelas de *A interpretação dos sonhos* e chegará a um resultado que nos parecerá imprevisto, mas que não nos espantaria se justamente se tratasse de um sonho: o deslocamento não se faz, como neste, de uma lembrança infantil recalcada para uma outra ulterior. Trata-se, ao contrário, de fantasias muito posteriores, datadas da adolescência, que foram projetadas no passado sob a forma de uma lembrança. Não se pode, então, deixar escapar uma questão: trata-se de pura fantasia e, portanto, essa lembrança é uma ilusão? Ou a lembrança possui uma base real e foi utilizada pela fantasia para se exprimir?

A análise nos ensina que a "prima" (que na realidade é a *sobrinha* Paulina) encontra-se fazendo simetria com outra imagem da adolescência (Gisela Fluss). O motor do deslocamento, o desejo, são *sentimentos* relativos a um amor que teria sido possível e à escolha de outra profissão (o pão de

98 *Freud e a descoberta do inconsciente*

cada dia). Mas duas fantasias distintas estão misturadas aí. Uma se refere ao casamento por amor (com Gisela) e outra ao casamento por conveniência (jogar as flores fora e retornar à cena da infância, onde Paulina figurava). Trata-se de uma alusão à viagem a Manchester, em 1875 (ver p. 26).

A cor amarela das flores permite datar a fantasia: Gisela, agora casada, usava um vestido amarelo quando Freud a reviu. Mas era um outro amarelo, como o das mostardas ou o que possuem certas flores de lugares altos... Dessas associações, Freud extrai ousadamente que teve essa fantasia durante uma de suas excursões de adolescente pela montanha. O que havia de "intensidade psíquica" no devaneio deslocou-se para as flores.

Não é importante que essa lembrança se refira ou não a um acontecimento real da infância (Freud, pelo fato de a *fantasia* não dar conta de todos os elementos, tende a conceder à *lembrança* uma base nos acontecimentos reais do passado). Mas há algo de significativo no fato de que um quadro construído como um sonho, e no qual o desejo recalcado desempenha um papel, remeta à infância...

Superstição

A Psicopatologia da vida cotidiana está entre os livros que Freud enriqueceu no decurso das sucessivas edições. A data de 1907, que é a da segunda edição (se não se conta a publicação em revista), teve para Freud uma significação particular: um temor supersticioso, fundado, já o vimos, em cálculos numéricos de Fliess, havia designado esse ano como o da sua morte. Ora,

A estrada real 99

é de 1907 que datam muitos dos acréscimos concernentes às superstições.

A atitude de Freud diante dessas questões é "científica", isto é, afirma que as crenças supersticiosas existem e que a psicanálise é capaz de fornecer uma explicação para elas. Não obstante, isso não resume inteiramente sua atitude. Freud fala da superstição de tal modo que se vê bem que é sua própria atitude supersticiosa que ele analisa. E sabemos por suas cartas que, embora jamais tenha abandonado sua atitude racional, ele cedia com facilidade a emoções fundadas em ideias supersticiosas. Na discussão dessas questões, em 1907, quando emprega fórmulas do gênero "Se *eu* fosse supersticioso, diria que..." compreendemos bem o que isso quer dizer: "A parte minha que é supersticiosa, e que eu combato com rigor, está pronta a achar que...". Já em 1882, quando escreve a Martha (26 de agosto), constata-se a maneira engenhosa com que se capacitava para ceder à superstição e combatê-la, por assim dizer, num mesmo movimento:

Agora preciso fazer-te uma pergunta tragicamente séria. Responde-me por tua honra e por tua consciência se, na última quinta-feira às onze horas, estiveste menos enamorada de mim, ou mais aborrecida comigo que de hábito, ou se talvez foste "infiel", como diz a canção. Por que essas conjurações de mau gosto? Porque tenho uma boa oportunidade para pôr fim a uma superstição. No momento em questão, meu anel quebrou-se no lugar em que se engasta a pérola. Devo confessar que meu coração não desfaleceu, que não fui tomado de pressentimentos sobre um final infeliz de nosso noivado, nem pela sombria suspeita de que justamente naquele momento estivesses apagando minha imagem de teu coração. Um homem sensível teria sentido tudo isso, mas meu único pensamento foi que o anel deveria ser consertado e que tais acidentes são difíceis de evitar.[9]

Por mais humor ou bom humor que exista na carta, é certo que a lemos com outro olhar quando pensamos no artigo sobre "A negação", que só aparecerá, é verdade, quarenta anos mais tarde. Freud não podia permanecer nessa solução hipócrita. Reconhecer a existência de tendências supersticiosas consiste evidentemente numa condição prévia para a sua análise. Em 1907, elas são explicadas pela projeção, sobre o mundo externo, de tendências hostis desconhecidas. Aquilo que a pessoa supersticiosa ingenuamente interpreta como pertencente à ordem exterior dos acontecimentos explica-se por uma motivação inconsciente.

A atitude supersticiosa de Freud não era acompanhada de qualquer credulidade. Jung, que tinha um fraco pelas crenças ocultistas, na época mais intensa de sua amizade tentaria fazer vacilar seu racionalismo nesse ponto, mas sem o menor sucesso. Reconhecendo a superstição como parte da condição psíquica humana, recusando-se a *negá-la*, Freud a analisava e, desse modo, resguardava-se de a ela ceder.

O determinismo

Em 1907, essa questão será inteiramente esclarecida por ocasião da análise do Homem dos Ratos, o que se verá também nas edições ulteriores da *Psicopatologia*. Em 1901, no capítulo teórico que fecha a *Psicopatologia*, a conclusão apresentada por

A estrada real   101

Freud é a de que todos os exemplos analisados implicam um determinismo que rege de maneira absoluta a vida consciente e inconsciente. O inconsciente, por exemplo, dá prova de uma "certeza sonambulística" nos cálculos que efetua sem o socorro da consciência, embora seja impossível escolher um número "ao acaso"; a análise mostra que a escolha não é livre, mas inconscientemente determinada.

Essa teoria do determinismo não está muito elaborada. Para Freud é suficiente poder mostrar que os atos que atribuímos ao acaso ou ao livre-arbítrio obedecem de fato a mecanismos inconscientes. Ele se esquiva às dificuldades metafísicas, que não o interessam. Crer no determinismo é, no fundo, crer que tudo tem direito a uma interpretação. Como regra a ser aplicada numa *praxis*, tal princípio é evidentemente indispensável.

Muitas pessoas contestam que se possa admitir um completo determinismo psíquico e apelam a um sentimento particular que as convence de que sua vontade é livre. Tal sentimento existe e não desaparece naqueles que acreditam no determinismo. Como todo sentimento normal, ele deve ter algum fundamento. Porém, por mais que eu possa pensar, ele não se manifesta nas grandes coisas e nem nas decisões importantes: nesses casos, temos antes o sentimento de uma compulsão psíquica e ficamos felizes por invocá-lo em nosso favor: "Estou nisto e não posso fazer de outro modo" (*diz Lutero diante da Dieta*). Por outro lado, é precisamente em relação ao pouco importante, às decisões indiferentes que gostaríamos de sustentar que poderíamos agir muito bem de outro modo e que agimos por uma vontade livre e não motivada. Segundo nossas análises, não é necessário contestar o sentimento de uma vontade livre. Se levamos em conta a distinção entre as motivações conscientes e inconscientes, nosso sentimento de liberdade nos ensina que a motivação consciente não se estende a todas as nossas decisões motoras. *De minimis non curat lex*.* Mas o que resta não motivado de um lado recebe seus motivos de uma outra fonte, do inconsciente, e daí resulta que o determinismo psíquico se apresenta sem solução de continuidade.[10]

Essa posição nada tem de filosófica. Se eu calculo conscientemente, não escolho o número que devo colocar, e se pretendo escolher um número "ao acaso", na realidade não o escolho, porque o inconsciente calcula ainda melhor e porque a própria lei do inconsciente não negligencia nenhuma das "coisas mínimas". Não interessa a Freud a questão filosófica de saber se, em face da Dieta, não é exatamente sua liberdade que Lutero manifesta. A decisão de Lutero certamente não se deve ao acaso; ela é justificável ou analisável. É isso simplesmente que Freud, neste texto, entende por determinismo psíquico. O acaso existe no mundo material: pode-se jogar cara ou coroa. Mas ele não existe no mundo psíquico: não se pode jogar cara ou coroa no sonho. Seria um jogo trapaceado, e as jogadas seriam determinadas pelo inconsciente.

De 1898 a 1905, tudo o que preocupa Freud relaciona-se, diretamente ou não, ao funcionamento do "aparelho psíquico". Ele explora a intuição que lhe revelou o segredo dos sonhos. Redige o caso Dora em 1901, mas não o publica — prevê que com certeza esse caso fará escândalo... e talvez ainda não

---

* "A lei não trata de insignificâncias". (N. E.)

A estrada real 103

esteja inteiramente decidido a revolver o Aqueronte. Não obstante, ele trata dos pacientes e tem sempre em vista as aplicações terapêuticas de suas ideias. Mas a psicanálise deixou de ser "o estudo da histeria": ela é a teoria do funcionamento psíquico em geral.

No que concerne ao desenvolvimento do "movimento analítico", até 1905 só se adivinha a pré-história. (A história começa, para nós, em 1906, com as reuniões do pequeno grupo de Viena.) Em compensação, o desenvolvimento da teoria superou definitivamente o período inicial. Após 1901, Freud nada publica, durante três anos. Com a teoria do sonho ele tem uma base sólida. Ele chega aos cinquenta anos...

Em 1905 aparecem três obras importantes: uma passa quase desapercebida, as outras duas, quase de imediato, desencadeiam um grande escândalo. Essa oposição, que o arrancará definitivamente da obscuridade, não surpreendeu Freud. Vê-se, ao se ler as primeiras páginas da análise de Dora, que ele a considerava inevitável. A certeza que tem do valor de sua contribuição dá-lhe a segurança de que precisa para enfrentar tal situação; mas sobretudo sua própria teoria permite-lhe prever e interpretar as reações do público: ele as vê como *sintomas*. Uma descoberta que toca o inconsciente do leitor não pode deixar de provocar *resistência*. Por conseguinte, não só é impossível evitar tal oposição como, ainda, seria desonesto.

Seus adversários, aliás, não lhe opõem objeções científicas. Eles bem que invocam a ciência, mas porque ela é a seus olhos um modelo de pensamento casto, e acusam Freud de ter envolvido com essa honesta bandeira uma mercadoria escandalosa.

É com certo desdém, ou mesmo com certo desprezo, que Freud, *antecipadamente*, escreve na análise de Dora:[11]

As mais benignas dentre as chamadas perversões estão amplamente difundidas em toda a população, como todos sabem, exceto aqueles que tratam desse assunto de um ponto de vista médico. Ou antes, caberia melhor dizer, eles também o sabem. Apenas tomam o cuidado de as esquecer no momento preciso em que pegam a caneta para escrever sobre elas.

Reconhecemos aí um eco das experiências de Freud com Breuer e Chrobak, e também daquela observação que fizera: os que ficam mais indignados ao ouvir falar da sexualidade em termos científicos são também os mais interessados em conversas licenciosas, desde que não falem "cientificamente".

Seria imprudente acreditar que isso tenha modificado toda uma situação. Houve uma mudança na qual a psicanálise certamente desempenhou um papel, mas que talvez se tivesse produzido sem ela: a atitude de exagerado pudor puritano que reinou durante uma parte do século xix nada mais é do que uma curiosidade da história dos costumes. E já não se condena Freud em nome de uma moral. Mas se Freud pôde ver no princípio que as causas dos sofrimentos individuais estão nas proibições que a sociedade efetivamente opõe aos desejos (ou aos "instintos") de seus componentes, ele logo se aperceberia de que nosso mal-estar (*Unbehagen*) tinha razões mais ocultas no próprio seio da condição humana; em todo caso, como é impossível que nos aproximemos do conhecimento do inconsciente sem encontrar a resistência que o defende, como se observa diariamente na análise, ela

A estrada real 105

sempre se manifesta de uma outra maneira. Já não se diz com indignação: "Não, eu não tenho um inconsciente como o de Freud!". Mas, transpondo as facilidades oferecidas pela antiga psicologia, que dava a cada um o direito de julgar à sua maneira, segundo "sua consciência", declara-se: "Só conheço o inconsciente". E cada um decide a seu modo, acreditando fazê-lo em nome de seu próprio inconsciente. Em suma, a análise pode estar na moda, mas o Inconsciente é sempre o Inconsciente. Em todo caso, Freud está de tal maneira persuadido da impossibilidade de evitar a resistência do público que, quando um de seus escritos for aceito sem críticas, pensará que talvez esteja em caminho errado...

Da histeria a uma teoria geral

FREUD HAVIA REDIGIDO O RELATO do tratamento de uma jovem de dezoito anos, a quem deu o nome de Dora. A análise tivera lugar em 1900 e a redação estava pronta para ser publicada em 1901 com o título, inteiramente justificado, de "Sonho e histeria". Só aparecerá em 1905, com outro título: "Fragmento da análise de um caso de histeria". Embora se refira a um fracasso terapêutico, e como tal reconhecido, essa análise proporcionara grande satisfação a Freud porque confirmava em todos os pontos as descobertas de *A interpretação dos sonhos* (todas recentes no momento do tratamento). Mas, ao confirmar um saber adquirido, ela também se voltava para o futuro, uma vez que o fracasso final exigia ser compreendido. Colocava novas perguntas para as quais Freud só possuía embriões de respostas. É preciso observar que o que lhe permite acesso às novas perguntas é o extremo rigor com que se apoia nas posições teóricas já asseguradas. É certo que elas não são inteiramente suficientes, mas isto não significa que ele as abandone; assim é que no mesmo texto ele ressalta (1, em nota) não ter renunciado à teoria do trauma: "Não abandonei a teoria do trauma, mas a superei, isto é, atualmente não a considero incorreta, mas incompleta". Em compensação, declara ter abandonado de todo a teoria dos estados hipnoides, posto que ela era de Breuer e não sua. Só podemos fazer como ele e

Da histeria a uma teoria geral 107

não rejeitar o que, no relatório, pareça atualmente superado; e isso não por fidelidade histórica ou sentimental às etapas pelas quais Freud passou, mas porque foi assim que a doutrina se construiu e porque assim *permanece construída*. Em todo caso, é notável que não se possa criticar ou completar esse texto sobre Dora senão com ideias freudianas. *Não existe um ponto de vista exterior à psicanálise de onde se possa sequer comentá-lo*. Em suas notas preliminares, Freud expõe sua maneira de redigir uma observação desse gênero:

Vou agora dizer como superei as dificuldades técnicas apresentadas pela redação da história desse caso. Tais dificuldades são verdadeiramente consideráveis, dado que o médico tem de seis a oito horas diárias de psicoterapia desse tipo e não pode tomar notas durante a própria sessão, receoso de perturbar a confiança do paciente e também a sua própria percepção do material submetido à sua observação. De fato, ainda não tenho resolvido o problema de saber como publicar a história de um tratamento de longa duração. No que concerne ao presente caso, duas circunstâncias me ajudaram. Primeiro, o tratamento só durou três meses; depois, o material que serviu para elucidar o caso encontrava-se agrupado em torno de dois sonhos. O texto desses sonhos foi imediatamente anotado após cada sessão, e, desse modo, dispunha-se de um forte ponto de inserção para a cadeia das interpretações e das lembranças daí decorrentes. O próprio relatório do caso só foi confiado ao papel após o término do tratamento, mas minha lembrança ainda estava nítida e intensificada pelo interesse que atribuía à publicação. Assim, o registro não é absolutamente — fonograficamente — exato, mas pode reivindicar um alto grau de fidelidade...[1]

Sabemos que mais tarde Freud empregou, para concluir a redação dos casos de maior duração, um método um pouco diferente: tomava notas à noite, após a saída do último paciente. Sobre a técnica terapêutica por ele utilizada em 1900, Freud apenas nos diz que ela sofreu muitas modificações desde o "método catártico". Ele deixa o paciente escolher o tema de cada sessão cotidiana, ao invés de tentar liquidar os sintomas uns após os outros. Desse modo, aquilo que se relaciona a um mesmo sintoma pode surgir em numerosos fragmentos, em diferentes contextos e momentos mais ou menos afastados no tempo. Mas no caso de Dora são os sonhos (que são dois) que constituem, já o vimos, os pontos de inserção, tomando por assim dizer o lugar ocupado pelos sintomas na época de Breuer.

Afora a análise dos dois sonhos, conduzida como em *A interpretação dos sonhos*, e se deixarmos de lado a introdução e o postscriptum que foram acrescentados ou completados para a edição de 1905, o texto comporta um "quadro clínico" em que nos é contada a história de Dora e de sua "doença". Vemos aí que Freud cuidara do pai de Dora e que foi este quem a levou até ele "para que a faça voltar à razão". Foi aí certamente, e desde o início, que se colocaram as dificuldades que fariam fracassar o tratamento — e precisamente pelo viés da transferência. Dora queixa-se de ter sido tratada como um objeto de troca nas intrigas do pai. Ele ainda a trata como um objeto quando pede a Freud para encarregar-se de torná-la menos incômoda para ele. E com certeza a transferência do pai para Freud representa algum papel quando este a aponta como sua própria queixa... Vê-se com clareza que o pai é o principal autor das desordens reinantes no meio familiar; Dora

Da histeria a uma teoria geral 109

também pretende "reconduzi-lo à razão" e com esse pretexto aumenta consideravelmente a desordem existente... Freud lamenta, no postscriptum, não ter sido suficientemente atento em face da transferência e da homossexualidade. De certa maneira, porém, ele fora atento a isso. Mas ainda está ligado à bissexualidade de Fliess (isso pode ser visto numa carta onde fala do caso, a 30 de janeiro de 1900), e conta ainda com a concepção de transferência, possibilitada pelo estudo dos sonhos e das lembranças encobridoras: transferência é o *deslocamento* da "intensidade psíquica" de uma representação para outra, sob o efeito do desejo inconsciente. Podemos vê-lo bem na análise do primeiro sonho: como a *fumaça* ali figura, Freud — que é um grande fumante e que gosta de repetir "Onde há fumaça há fogo" — tenta situar-se por esse meio na transferência de Dora, perdendo assim os outros sinais mais pertinentes.

É difícil duvidar de que o primeiro sonho, que é um sonho recorrente ("que ela tivera muitas vezes anteriormente"), data de antes da análise. A questão tem importância para a teoria da transferência: saber se Dora trazia uma fantasia, como um cenário antecipadamente elaborado, com um papel a ser desempenhado por quem ela designasse.

Sabe-se com que sangue-frio e com que deliberada decisão ela interromperá a análise. Somente em 1914 é que Freud poderá dar a explicação teórica desse tipo de atitude. Em 1900, demasiado próximo ainda da metapsicologia do sonho, ele só tem à disposição uma explicação calcada no sonambulismo: fracassa a "regressão tópica" que deveria abrir ao representante do desejo a porta da alucinação; a energia psíquica atinge então a outra extremidade do "aparelho psíquico", aquela que governa a motricidade... Assim sendo, Dora representa seu roteiro ao invés de o analisar.

É preciso compreender que ao se fixar de modo tão estrito ao estado em que se encontrava sua teoria, após a elucidação do mecanismo do sonho, Freud empregou o único meio de que dispunha para colocar com um máximo de *clareza* as *obscuridades novas*. E com isso o caso inteiro adquire uma qualidade de verdade, hoje ainda mais que na época, que torna sua leitura apaixonante. Não faltam outros relatos de análise mais recentes nos quais foram superados os aspectos insatisfatórios que o de Dora apresenta. Não obstante, nem sempre provocam tanto interesse nem convidam a tanta reflexão.

Freud sexólogo

Na introdução ao relato da análise de Dora, Freud não oculta que conversara com ela sobre questões sexuais. Explica que não ensinava a seus pacientes nada que já não soubessem. Mas, quanto ao resto, *"j'appele un chat un chat"*,* ele dava os nomes científicos aos órgãos e achava que, procedendo dessa maneira, conduzia-se com mais honestidade e decência do que comumente ocorre nas conversas em que, sob véus ambíguos, tais questões são tratadas mediante alusões equívocas. (Esse juízo é analiticamente explicável, uma vez que tais equívocos revelam a presença e os efeitos do processo primário e do desejo.) Por outro lado, Dora era singularmente

---

* A expressão francesa, utilizada por Freud em seu relato do caso Dora, significa falar sem rodeios, "preto no branco". (N. E.)

Da histeria a uma teoria geral   III

bem-informada para uma jovem de sua idade e sobretudo de sua época, embora não tenha querido revelar a origem dessa informação. Tudo isso só poderia parecer escandaloso. Mas esse escândalo foi superado por aquele provocado pela publicação dos *Três ensaios sobre a sexualidade*. Certamente já era deplorável que uma jovem de dezoito anos não fosse tratada como um modelo de pureza, mas os *Três ensaios* questionavam a "inocência" das crianças e tratavam de suas pulsões sexuais, as quais descreviam como estando na origem de todas as perversões adultas. De todos os livros de Freud, este foi com certeza o que suscitou maiores protestos.

Ao descobrir a insuficiência da teoria do trauma e a importância do mundo da fantasia, Freud tinha o sentimento de arriscar-se a deixar o real pelo ilusório. Com os *Três ensaios,* ele se afasta um pouco da linha que até então seguira.

Seu principal instrumento de descoberta fora a interpretação. Nos *Três ensaios* ela ocupa um lugar acessório em face dela. O livro em seu conjunto poderia ser comparado ao que eram os capítulos teóricos finais de suas obras precedentes, nos quais tirava as conclusões dos exemplos interpretados que constituíam os outros capítulos. Agora, no que concerne à sexualidade, ele tira as conclusões de seus trabalhos precedentes. Mas, ao mesmo tempo, muda sua orientação: não está mais voltado para o desejo ou a fantasia. O Édipo nem sequer é nomeado nos *Três ensaios* de 1905. (Será acrescentado nas edições ulteriores, mas apenas como nota.) O desejo (*Wunsch*) não figura ali. Pode-se dizer que a psicanálise está fundada sobre dois pilares distintos, quase independentes, em todo caso bastante diferentes: *A interpretação dos sonhos* e os *Três ensaios.*

Seu destino foi bem diverso. O primeiro permanece como uma obra a ser incessantemente redescoberta, sempre nova pelo fato de nela assistirmos à abertura do Inconsciente; a incompreensão e o recalcamento ali nos espreitam ainda, e se ela nos ensina a nos orientarmos, é apenas no inesgotável *mare magnum* da fantasia. O segundo perdeu o poder de surpreender, poder que de início teve em tão alto grau. Freud logo percebeu isso, uma vez que, em seu prefácio à segunda edição (1909), desejava que sua obra "envelhecesse rapidamente" e que todas as novidades que trouxera "se tornassem lugares comuns". Poderíamos dizer que seu desejo se realizou, ao menos no essencial, mas não talvez sem algum mal-entendido. Pois uma certa maneira de compreender (mal) os *Três ensaios* originou — sobretudo na psicoterapia infantil — uma tendência a assimilar algumas perturbações neuróticas aos efeitos de um *desenvolvimento inibido* e, assim, a imaginar a quimera de uma "normalização do desenvolvimento"...

A descoberta da sexualidade infantil levou Freud a modificar essas noções e a distinguir o sexual do genital.

> Ao fazer da sexualidade algo diferente de uma função dos órgãos genitais, obtinha-se a vantagem de poder reinserir as atividades sexuais das crianças e dos perversos na mesma perspectiva que as dos adultos normais. As atividades sexuais infantis haviam sido, até aqui, completamente negligenciadas, e as dos perversos, se haviam sido reconhecidas, o foram com indignação, em nome da moral e sem serem compreendidas.[2]

Da histeria a uma teoria geral

A sexologia existia antes de Freud reestruturar seus alicerces. As obras de Krafft-Ebing, Havelock Ellis e alguns outros haviam aparecido no início do século. Mas limitavam-se a enumerar as formas patológicas e a fazer um inventário da nomenclatura. A elas devemos, por exemplo, os termos "masoquismo", "sadismo" etc. Essa sexologia não questionava a existência de um *instinto* sexual, definido por sua finalidade, ou se o quisermos, concebido como um *pattern* [padrão] de adaptação *natural*. Todavia, estavam muito longe de poder definir as "aberrações". O fato de que essas aberrações tenham sido consideradas como perversões do "instinto sexual" teria sido suficiente para levar à suspeita de que se misturavam indevidamente a moral e a natureza.

Freud despedaça essa noção de instinto. A pulsão sexual, que toma o seu lugar, não tem objeto nem fim *naturais*, e a sexualidade normal deve se constituir a partir de *pulsões parciais*; caso escape a essa normalização, cada uma delas representaria o que se denomina uma perversão, como acontece quando, num adulto, a sexualidade permaneceu fixada ou regrediu a uma das etapas pelas quais a organização das pulsões passa.

O texto dos *Três ensaios* foi muito enriquecido no decorrer das sucessivas edições. Em 1905, Freud só se utiliza das noções de pulsão parcial, fixação, regressão e sublimação. Mas, como frequentemente acontece com o modo de progredir de seu pensamento, essa construção é de saída tão correta que mais tarde ele poderá acrescentar-lhe, como se sabe, a identificação, o predomínio do falo (isto é, a castração), as organizações pré-genitais, as "teorias" sexuais infantis etc., sem ter nada de importante a modificar em seu primeiro texto. Desse modo, ele dá a impressão de ter previsto e reservado, desde 1905, o lugar desses acréscimos posteriores.

A revolução por ele desencadeada nesse terreno, ao substituir a noção de instinto pela de pulsão, culminava com a dissolução de uma ilusão reinante. O alcance dessa ilusão não só tendia a transformar obscuridades em monstruosidades, como também dividia a imagem do homem segundo uma velha concepção metafísica conservada por suas significações éticas, numa metade animal e noutra racional.

Apoiando-se na análise dos adultos e não (veremos por quê) na observação de crianças, Freud pôde analisar as etapas pelas quais passa o desenvolvimento da sexualidade. Mais tarde, nas edições seguintes, essas etapas se transformarão nos modos de organização sexual, que em seguida poderão ser relacionados com as "teorias" infantis, o que lhes dará um certo jogo em relação às concepções anatômicas (a teoria das zonas erógenas, herdada da teoria das "zonas histerógenas" de Charcot), que inicialmente serviram de base para dar conta das pulsões parciais e suas transformações.

A amnésia que encobre as recordações da primeira infância torna os adultos incapazes de verem essa infância tal qual é, a menos que numa análise consigam vencer as resistências que os protegem contra esse saber: "Se a humanidade", escreve Freud no prefácio à quarta edição, "fosse capaz de instruir-se pela observação direta das crianças, eu poderia ter economizado a fadiga de escrever este livro". De nada serve ressaltar que a observação correta das crianças hoje é possível, mesmo que se devesse limitá-la aos casos em que elas próprias são analisadas. Pois isso só aconteceu graças às descobertas de Freud, e *era necessário* que tais descobertas se fizessem na

Da histeria a uma teoria geral

análise de adultos, mesmo que seus resultados pudessem ser verificados em seguida na análise de crianças. As pulsões parciais nunca se fundem completamente numa resultante dita "normal". Sempre há um *resto*. Esse resto é constituído de uma pulsão "perversa", mas isto não decide sobre o que ele se tornará. Pode tornar-se, ou antes, permanecer no estado de perversão, mas também pode estar na origem de sintomas neuróticos, ou ainda dar origem a "formações reativas" (a repugnância, a vergonha, a moralidade) que se constituem às suas expensas e são feitas da mesma tessitura. Tais formações reativas estão na base da sublimação.

De que maneira então se realizam essas construções capazes de represar as tendências sexuais e que decidem sobre a direção que tomará o desenvolvimento do indivíduo? Elas se constituem plausivelmente às expensas das tendências sexuais infantis... que foram desviadas de seu uso próprio e aplicadas em outros fins... A esse processo deu-se o nome de sublimação e ele constitui um dos fatores mais importantes para as aquisições da civilização.[3]

Desse modo, graças à sublimação, a pressão das pulsões perversas aumenta a "eficácia psíquica". Ela também é a origem da atividade artística e da formação do caráter. "A disposição das crianças para uma perversão polimorfa pode, por conseguinte, ser considerada como a fonte de um grande número de nossas virtudes." Estas últimas têm, portanto, a mesma origem que os sintomas e não é impossível que se apresentem, na neurose, como sintomas. Com efeito, é o mesmo resto perverso que fornece os sintomas neuróticos:

Os sintomas formam-se, em parte, às expensas da sexualidade *anormal*. As neuroses são, por assim dizer, o negativo das perversões... Num caso bem caracterizado de psiconeurose, é excepcional que se tenha desenvolvido uma única pulsão parcial. Geralmente encontramos um número considerável delas e, habitualmente, traços de todas. Todavia, o grau de desenvolvimento de cada uma é independente do das outras.[4]

Se nos perguntássemos como ocorreu que Freud tenha mantido um certo fraco pelo ponto de vista de Darwin, entreveríamos aqui uma das respostas: julga superficiais as teorias da concorrência vital e da seleção natural, mas não a maneira como Darwin eliminou a finalidade biológica. Daí resulta que *já não é necessário um princípio superior de perfeição*. As maiores qualidades humanas são feitas da mesma tessitura dos vícios.

Seus leitores não o entendiam assim. Aceitavam que o homem fosse virtuoso de nascença, o que marcava sua origem nobre, e corrompido pela sociedade; ou então que a natureza fosse má e que o homem se lhe escapasse graças a algo "sobrenatural", mas que não obtivesse suas virtudes dessa natureza suspeita. E depois uma certa imagem da criança servia de suporte para sua mitologia idealista: ao retirar tal suporte, Freud feria profundamente seu narcisismo. É a persistência das tendências à idealização que, ainda hoje, dificulta o acesso à noção de sublimação. Trata-se de uma noção de difícil teorização. Mas, em si mesma, é simples e designa os fatos mais facilmente observáveis.

Existem muitas outras contribuições nesses *Três ensaios*, mas o essencial é que ele permanece como o livro da pul-

Da histeria a uma teoria geral 117

são, assim como *A interpretação dos sonhos* era o do desejo. O desejo e a pulsão sempre são apresentados por Freud como que em duas cenas separadas; a obra onde figura um dos dois termos não contém o outro. É uma regra quase sem exceções, e as raras exceções parecem negligências. Essa oposição seria mais fácil de apreender para nossos leitores se dispuséssemos de outro vocabulário. Não podemos traduzir *Trieb* por "instinto" nem *Wunsch* por "anseio" — o que seria lançar o desejo na pura fantasia e a pulsão na adaptação finalista —, mas a oposição entre "anseio" e "instinto" nos ajudaria a entrever aquela que existe entre *Wunsch* e *Trieb*. O desejo relaciona-se à nostalgia de uma experiência passada e de um objeto perdido, é uma "falta", e se manifesta na mesma cena que a fantasia e o sonho... Gostaríamos de *realizá-lo*. A pulsão não se "realiza", pois nada tem de fantasístico: ela visa a um fim. Mas não possui nem fim nem objeto naturais. A palavra *Trieb* foi traduzida por "instinto" pelos ingleses e pelos franceses. Os ingleses o fizeram deliberadamente, dando suas razões e indicando cuidadosamente os casos em que se trata da palavra alemã *"Instinkt"*, que Freud emprega somente para falar do instinto dos animais. Quanto aos tradutores franceses, ignora-se a razão de sua preferência.

O *Witz*

Os chistes e sua relação com o inconsciente foi escrito ao mesmo tempo que os *Três ensaios*: Freud colocava os dois manuscritos sobre duas mesas vizinhas e descansava de um trabalhando no outro.

As teorias aí expostas são bem facilmente assimiladas, mas como eram muito originais e estranhas às correntes de pensamento da época, sua importância não foi reconhecida. Sua representação passa por todos os rodeios e hesitações da pesquisa, o que as torna, talvez, mais difíceis de serem apreendidas. Pareceria que Freud ainda aplica aí um método herdado de Charcot: examinar longamente uma coleção de exemplos até tirar dela tipos que, por sua vez, permitam interpretar as formas frustas e híbridas. É o método das ciências naturais ao qual a interpretação se vem acrescentar. Mas o leitor é levado por ele a imaginar demasiado cedo que compreendeu o que está em questão. E depois, Freud tinha um gosto pessoal por seus exemplos — especialmente pelas histórias judaicas, com as quais elaborou uma antologia para uso próprio —, e isto o levou a multiplicá-los inutilmente, fazendo com que se tenha frequentemente tomado seu livro por uma coleção divertida e sua teoria por um comentário, que passava para segundo plano.

Parece-nos, desde o primeiro exemplo, ter compreendido tudo. Esse exemplo é tomado de empréstimo a Heine.[5] O alegre pedicure Jacinto conta a Heine como um dia ele se encontrou sentado bem junto ao barão de Rothschild, "e ele me tratou de maneira totalmente familionária". A palavra *familionär*, compreensível em todas as línguas que tenham as mesmas raízes latinas, é composta segundo uma técnica que conhecemos desde a análise dos sonhos: a da condensação, que pertence aos processos primários. Esses elementos verbais são condensados graças à presença de duas sílabas idênticas (*mili*) nas palavras "família" e "milionário". Ao mesmo tempo, o jogo de palavras sugere um "pensamento",

Da histeria a uma teoria geral 119

um sentido de fácil apreensão. Esse sentido um tanto irônico, ou satírico, talvez permaneça *interessante* se o expusermos sem o menor jogo de palavras, mas nada terá de *espirituoso*. Freud se dá ao trabalho de analisá-lo muito a fundo. Mostra-nos, ao recorrer à biografia de Heine, o quanto este autor representou todo um aspecto de sua pessoa e de seus conflitos no personagem Jacinto, e o quanto é ele próprio quem se exprime através dos propósitos que lhe atribui. Mas o *interesse* que encontramos aí permanece diferente do *prazer* dado pelo trocadilho. Desse modo, não há chiste, ou dito espirituoso, se não há jogo de palavras. Esta observação não é uma resposta (para um linguista seria), mas o enunciado de uma questão: como isso é possível?

Coloquemos claramente os termos da questão: como no sonho, uma frase normal foi submetida à "sintaxe" do processo primário, isto é, no caso, à condensação. Esse processo se "transferiu", como dizia Freud na época, para os próprios elementos verbais. Depois do que aprendemos com o sonho, tal fato não mais nos surpreende. Mas *daí resultou um prazer* de tipo especial, sem que possamos falar da satisfação de uma pulsão, nem da realização de um desejo. De onde provém esse prazer?

Deste e de muitos outros exemplos, Freud depreendeu duas teses que ainda não perderam o poder de pôr em xeque as noções convencionais.

Uma pode ser enunciada da seguinte maneira: o prazer do jogo de palavras é essencialmente constituído pelo fato de reencontrar o poder e a liberdade que as crianças têm de, segundo as leis do processo primário, jogar com as palavras sem o menor cuidado com o sentido.

É verdade que *nem todos os chistes exigem tal jogo de palavras*. Freud, utilizando o vocabulário da filosofia de seu tempo, diz que o jogo se faz com os "conceitos" (na falta de termo melhor, hoje diríamos que se brinca com a lógica). Aí, ainda, não é o valor do pensamento que proporciona prazer, mas o encontrar de novo a intervenção do processo primário (de preferência o deslocamento, desta vez) que produz o mesmo efeito, ainda que não se exerça sobre elementos verbais. Ainda aqui, o prazer recorda aquele das liberdades da infância.

Um adulto pode não mais fruir desse prazer inocente, pois um obstáculo, o espírito crítico — ligado ao processo secundário — lhe barra o caminho; *a menos que, a esse jogo de absurdo, ele acrescente uma aparência de interesse por uma significação. É esse interesse que afasta a atenção, o espírito crítico, do prazer próprio ao jogo de origem infantil; sem ele, esse prazer seria recusado.* Temos, senão a prova, ao menos o sinal da exatidão dessa explicação no fato de que aquele que ri de um chiste não é capaz de discernir se seu prazer provém do jogo de palavras ou do sentido que aí encontra. Esses dois elementos são necessários.

No verdadeiro *não-senso*, que constitui um caso limite,

uma concepção, aquela que se atém unicamente ao texto, afirma o não-senso; a outra, que, através do inconsciente do ouvinte, segue seu caminho no fio das alusões, atinge o sentido profundo e se não atinge nenhum sentido desse gênero, pode-se, à vontade, chamar essas produções que se liberaram de um dos caracteres mais essenciais do espírito, de maus chistes ou então recusar-lhes o epíteto de espirituosas.[6]

Da histeria a uma teoria geral 121

É preciso compreender que o que se recusa não é o epíteto — mas o *prazer*, que sucumbe aos golpes de um espírito crítico que não foi desarmado pela técnica adequada. Não é dessa técnica, ordenada para a *proteção* do prazer, que trata a segunda tese, e sim muito mais da natureza desse prazer. Esta é explicada pelo princípio de constância, isto é, pela descarga das tensões. Uma cota de energia (energia com a qual nos defendemos dos processos primários) tornou-se inútil e se descarrega livremente. Pelo menos é assim que acontece nos chistes inocentes, não tendenciosos, nos quais não se acrescenta um prazer de outra natureza e que só evidenciam a resolução das tensões entre os dois processos. É certo que os primeiros leitores de Freud faziam das tensões e das inibições uma ideia mais "dramática", que os impedia de percebê-las nessas simples palavras "para rir" (precisamente) que são os chistes. E, com isso, uma parte importante do ensino de Freud lhes escapava.

Mas essas duas teses não solucionam a questão. O prazer é maior do que o resultante da supressão de uma inibição, e cada uma das duas partes (as palavras e o "pensamento") parece acrescentar mais do que poderia fornecer por si só; há uma mais-valia, um bônus de prazer; em outras palavras, os dois prazeres não se somam, multiplicam-se. E Freud confirma assim a observação empírica de Fechner sobre "a intensificação dos prazeres simultâneos": só conhecemos o produto, ao passo que os fatores escapam à consciência.

Existe certo parentesco entre *Os chistes* e a *Psicopatologia da vida cotidiana*. Em última instância, o chiste e o lapso obedecem às mesmas leis. Mas o objetivo das duas obras é diferente. Com o chiste, Freud trata de uma questão "econômica" e procura explicar uma produção de prazer. Na *Psicopatologia*, tratava-se de demonstrar o determinismo psíquico, isto é, o direito de interpretar e a necessidade de não negligenciar o menor detalhe.

O estudo do chiste abre perspectivas para a estética. Freud sempre negou que se interessasse pelos problemas da estética propriamente dita, e é verdade que em sua obra não se encontra a exposição de uma estética. Mas, ao nos mostrar como o chiste funciona, ele fornecia uma base possível para tal exposição. O chiste não é um sintoma (embora lhe seja análogo), mas um artifício (guardadas as devidas proporções, ele tem como que uma *ars poética* própria); e, como a obra de arte, ele tanto respeita quanto engana as defesas. Talvez não nos enganemos muito procurando, numa obra literária, os *pensamentos* agradáveis ou desagradáveis que ela pretende veicular com a ajuda da forma; mas talvez estejamos grosseiramente enganados ao explicar seu *valor estético* pelo valor desses pensamentos: pois pode ser que eles nada mais sejam que um dos meios acessórios (e às vezes necessários) de que a arte necessita para ocultar seu jogo com a "forma". (Também é verdade que já se viu como o "jogo" serve para fazer passar uma ideia audaciosa demais.)

Uma estética que se limitasse a desmascarar tal jogo cairia na armadilha da ingenuidade infantil, uma vez que, já o vimos, essa brincadeira deve ser ocultada. Todos nós o conhecemos, na medida em que fomos crianças.

Aos nove anos, Martin, o segundo filho de Freud, compunha versos burlescos em que a brincadeira com o material verbal levava muita vantagem sobre o sentido. Freud protestava quanto a isso, uma vez que sabemos o quanto era tradicional em matéria de gosto. Martin explicava: "Quando

Da histeria a uma teoria geral 123

faço isso, é como se fizesse caretas". Freud contou esse fato a Fliess, a 24 de março de 1898. Quem quer que atribuísse as mais altas virtudes humanas ao que nos resta de pulsões perversas certamente não teria hesitado em justificar as maiores criações artísticas pela necessidade de mascarar o prazer infantil produzido pela realização desse tipo de "caretas". Em todo caso, seu livro termina com a ideia de que alguma técnica é necessária para nos fazer aceitar um prazer de origem infantil, quando já não somos mais crianças; quando o éramos, não precisávamos disso.

O modo de formação dos sonhos (condensação e deslocamento "transferidos" para os elementos verbais) não é o único modelo ao qual a estética pode se referir. Há também uma questão "tópica" um tanto embaraçosa que Freud terá que esclarecer. O sonho se desdobra nessa *outra cena* fechneriana, que não é situável na tópica do "aparelho psíquico". Essa cena, que se apresenta como um outro mundo, acolhe a fantasia e o devaneio tão bem quanto, e até melhor do que, a alucinação do sonho. Costuma-se dizer que o processo primário põe sua marca no sonho, no chiste e na poesia, mas que ainda existe uma outra maneira de o desejo atuar na esfera do processo secundário: aí deparamos com o problema da fantasia.

O domínio da imaginação é uma reserva que se forma por ocasião da penosa passagem do princípio de prazer para o de realidade e que fornece um substituto para a satisfação pulsional que foi preciso abandonar na vida real. O artista, assim como o neurótico, afastou-se de uma realidade não satisfatória para esse mundo da imaginação, mas, à diferença do neurótico, ele sabe como reencontrar o sólido terreno da realidade. Suas obras, assim como os sonhos, são a satisfação imaginária de seus desejos inconscientes — mas estão calculadas para provocar o interesse e a simpatia dos outros.[7]

Sobre tal base não se pode constituir uma estética, decerto, pois a psicanálise não sabe dizer do valor que possa ser atribuído ou recusado a uma obra seguindo os critérios em uso, já que esses próprios critérios escapam à sua competência. No domínio reservado da fantasia, há lugar tanto para as obras-primas quanto para os erros e ingenuidades; e Freud sempre se recusou a abordar essas questões. (Sobre esse ponto, dizia: "Sabemos tão pouco a esse respeito!".)

ELE PRÓPRIO NÃO SE CONSIDERAVA absolutamente um artista. Não gostava da pintura moderna. A Pfister, que desejava fazê-lo se interessar por certos pintores expressionistas então na moda, ele escrevia: "Saiba que na vida eu sou terrivelmente intolerante para com os loucos, só vendo o que eles têm de nocivo e sou, em suma, para esses artistas, exatamente o que você estigmatiza com o nome de filisteu e pedante" (21 de junho de 1920). Ele é tido como alguém que detestava música; seu filho Ernst Freud afirmou-me que isso é um exagero, que Freud gostava muito de Mozart e que cantarolava suas melodias quando sozinho.

Sabe-se também que as teorias freudianas tiveram certa influência sobre movimentos literários e artísticos, como o movimento surrealista, por exemplo. Mas Freud, ao contrário, tendia a negar essa influência e a considerar ilegítimas as consequências que se tirava de seus escritos.

Da histeria a uma teoria geral 125

No domínio da literatura, no qual não se lhe pode recusar uma grande competência, ele concedia o primeiro lugar ao conteúdo, considerando a arte literária apenas como o arsenal de meios que permite valorizar esse conteúdo. Seu perfil era claramente o de um conservador e, no entanto, é um revolucionário, paradoxo que se explica pelo fato de que um teórico não está submetido ao gosto nem à moda da mesma maneira que o artista.

Em 1907 ele publica um artigo em que compara a criação literária e o sonhar acordado (ele o resumirá no artigo de *Scientia* de 1913) e oferece a análise detalhada de um texto literário; mas, olhando-se de perto, em nenhum desses estudos trata verdadeiramente de estética ou mesmo de literatura. Considera a criação artística como outra via para o conhecimento do Inconsciente (do qual nem o artista nem seu público se ocupam). Não mais que os sonhadores, os artistas também não *sabem* as coisas que ensinam, não a seu público, mas ao analista. Shakespeare não tinha necessidade de saber mais que qualquer outro sobre o complexo de Édipo para, melhor que qualquer outro, ajudar Freud a descobri-lo em 1897. Assim sendo, as pesquisas de Freud nesse terreno não devem ser julgadas do ponto de vista da estética, nem da crítica literária.

A Gradiva

O romance que ele analisa em 1907 não lhe ensinará sobre o Inconsciente nada que já não saiba. O que se confirmará é que nada escapa ao determinismo psíquico e que uma fantasia literária é analisável do mesmo modo que um sonho, um devaneio ou um lapso. E isso nos valerá uma brilhante exposição do saber analítico já adquirido. Freud dirá de sua análise, numa carta a Jung (26 de maio de 1907), que ela "nada nos traz, mas nos permite gozar (*da contemplação*) de nossas riquezas".

Jung chamara-lhe a atenção para um romance de Jensen, a *Gradiva*, e foi em honra a essa amizade nascente que Freud redigiu, com muita elegância, a sua análise.

Existem dois Jensen. Ambos escreveram romances, ambos eram vivos em 1907 e, salvo por uma diferença ortográfica, possuem o mesmo nome. Ambos fizeram estudos médicos. Um é dinamarquês, mas o outro, que é alemão, nasceu no Holstein em 1837, para complicar as coisas. Este último, morto em 1911, é que é o autor da *Gradiva* (parece que Jones se teria enganado aí). O romance nos mostra um jovem arqueólogo (que nós diríamos obsessivo e fetichista), que não tem consciência de seu interesse por uma jovem, sua companheira de infância. Ele deslocou esse interesse para um baixo-relevo que de fato existe (no museu do Vaticano) e que ele imagina representar uma jovem morta em Pompeia. Casualmente, encontra sua companheira de infância em Pompeia e a toma por uma alucinação ou um fantasma. Mas ela se empenha em "curá-lo" por meios que acabariam por se assemelhar aos da psicanálise, se fosse possível corrigir um delírio mediante o apelo à realidade. Tal assunto só poderia apaixonar Freud, sobretudo por essa semelhança entre a pesquisa dos sentimentos inconscientes e as camadas arqueológicas. Ele se propôs a analisar os sonhos e os "delírios" do jovem herói como se se tratasse de um personagem real.

Daí resultou uma exposição convincente e agradável do estado em que se encontrava a análise em 1907. O romance

Da histeria a uma teoria geral 127

de Jensen deve a Freud não ter sido esquecido; aliás, pode-se encontrar certa satisfação na leitura desse idílio fora de moda. A ingenuidade que prejudica o valor da obra explica, no entanto, que ela seja tão facilmente acessível à interpretação. A arte que falta a Jensen é a arte de se defender e de se disfarçar. A defesa, é claro, está situada alhures; se mostrava tão facilmente suas fantasias, é porque não tinha o menor conhecimento delas. Nessa época heroica, era natural que se quisesse, no fundo com a mesma ingenuidade, interrogar o próprio Jensen na esperança de aprender mais. Este, certamente, *nunca havia pensado nisso*. Chegou inclusive a supor que o encontro de suas ideias com as de Freud se deveria ao fato de ter tido, cerca de cinquenta anos antes, um começo de estudos médicos. A magnífica ironia que nos permitimos ver nessas palavras era certamente involuntária.

O Moisés

Freud nos mostra sua atitude em face das obras de arte num autorretrato que certamente é muito mais sincero, na medida em que é anônimo; ele figura no início de *O Moisés de Michelangelo*, que Freud publicou inicialmente sem assinar (1914).

Tenho observado com frequência que o conteúdo de uma obra de arte me atrai mais que suas qualidades de forma e de técnica, às quais o artista atribui maior valor. Em suma, falta-me, em arte, a justa compreensão de muitos meios de expressão e de alguns efeitos... Mas as obras de arte exercem forte impressão sobre mim, particularmente as obras literárias e plásticas, mais raramente os quadros. Fui assim levado, quando em condições propícias, a contemplá-las longamente para compreendê-las à minha maneira, isto é, para apreender de onde vem o efeito que elas produzem. Quando não posso proceder assim, em música por exemplo, torno-me quase incapaz de fruí-las. Uma disposição racionalista, ou talvez analítica, luta em mim contra a emoção, caso eu não possa saber por que estou emocionado.[8]

(O "talvez" está ali em virtude do anonimato...).

Esse estudo sobre a estátua de Michelangelo quase confundiu seus comentadores. Com uma piedade louvável, mas que a memória de Freud pode dispensar, eles com frequência hesitaram em reconhecer o quanto esse ensaio é decepcionante. Várias horas por dia, e durante várias semanas, Freud permaneceu diante do *Moisés* como se, aplicando o conselho de Charcot, esperasse que a estátua "falasse". E ele nos revela seus pensamentos como se dissessem respeito a um único problema: em que ação, em que sequência de movimentos poderíamos inserir a pose dada por Michelangelo à estátua? Antes de Freud, a maior parte dos críticos havia visto aí o momento em que o profeta vai se levantar, indignado, para se lançar contra os adoradores do bezerro de ouro. Freud descobre que há que ver aí, ao contrário, que, após ter esboçado um movimento nesse sentido, Moisés domina-se e novamente se senta; o risco corrido pelas preciosas Tábuas da Lei o reteve.

Sabemos que Freud era fascinado pela figura de Moisés. Sabemos também que ele se via numa posição análoga nessa época quando, em face das ameaças de dissensão e de dissidência, ele se perguntava sobre que decisão tomar quanto ao futuro da psicanálise (simbolizada pelas Tábuas). Pode ser

Da histeria a uma teoria geral 129

interessante que ele projete sua decisão na sua maneira de ver a estátua, ou então, o que dá no mesmo, que ele a estude como um oráculo. Só que, se Freud analisou-se em face da obra de Michelangelo, como outrora em face da de Sófocles, desta vez ele o ocultou, e o que nos deixa ver toma o aspecto de uma resistência; ele dá a impressão de ter mascarado, num estudo objetivo da obra, uma questão que de início lhe concernia e da qual não queria que se dissesse que se referia a ele.

EVIDENTEMENTE FREUD NÃO ERA CEGO a esse ponto, mas é a nós que ele arriscaria cegar — se, por outro lado, não nos trouxesse um precioso esclarecimento ao nos dar um exemplo da maneira como *a crítica da arte* pode ter por fim servir a nossas resistências, enganando-nos sobre algum problema acessório. A arte tem necessidade de defesas análogas e, como Freud nos ensinou a propósito do *Witz*, o artista atrai nossa atenção para um ponto a fim de nos tornar mais receptivos para outro. Mas nem sempre o crítico sabe jogar esse jogo.

Jung

Desde 1902, e de início sem que Freud soubesse, um professor de psiquiatria de Zurique, Bleuler, interessara-se por suas ideias. Havia se proposto a tirar delas aplicações para o tratamento de esquizofrênicos. Seu assistente, C. G. Jung, entusiasmara-se com a psicanálise e a "verificara" em aplicações no campo da psicologia experimental. A partir do momento em que se colocou a par desses desenvolvimentos, Freud viu neles antes de tudo o início de um reconhecimento internacional, ao qual atribuía tanto maior importância por não mais esperar ser assim reconhecido em Viena. Além disso, esse meio científico suíço era cristão, e Freud sempre havia pensado que, às resistências inevitavelmente suscitadas pela psicanálise, associava-se, reforçando-as, a oposição antissemita. Ele não se inquietava com os riscos de deformação que sua doutrina pudesse correr; o reconhecimento superava tudo isso. Mais tarde, quando o clarividente Abraham começou a sentir e a assinalar o perigo, Freud respondeu-lhe (23 de julho de 1908):

> Minha opinião é que nós, judeus, se quisermos cooperar com outras pessoas, devemos mostrar um pouco de masoquismo e esperar uma certa dose de injustiça. Não existe outro meio de trabalhar em conjunto. Esteja certo de que, se meu nome fosse Oberhuber, minhas novas ideias, apesar de todos os outros fatores, teriam encontrado muito menos oposição.

Na realidade, Bleuler não havia verdadeiramente adotado as ideias de Freud, apenas as utilizara entre outras. Mas Jung parecia inteiramente convertido e Freud colocou nele as maiores esperanças. Desde que nasceu o projeto de fundar uma sociedade internacional, pensou que Jung seria seu presidente por designação. Tal designação, aliás, suscitou violentíssimas querelas entre os analistas vienenses.

Sabemos que esses projetos acabaram mal. Se Freud de saída se mostrara muito tolerante em face dos desvios doutrinários, a partir de 1913 ele tomaria o cuidado de precisar

Da histeria a uma teoria geral 131

sua própria posição para contrapô-la à de Jung; e devemos a esse cuidado um grande número de desenvolvimentos extremamente importantes.

A adesão temporária da escola de Zurique teve diversos efeitos duradouros. Primeiro, dela restou algo no plano do reconhecimento internacional; depois, valeu a Freud adesões importantes como as de Brill, de Pfister e sobretudo a de Abraham, jovem psiquiatra berlinense que trabalhara em Zurique. Se a escola de Zurique contribuiu com algo na extensão da psicanálise às psicoses, isso não se deu por Jung ou Bleuler, mas por Abraham, sobretudo através de sua aluna Melanie Klein.

Abraham foi o primeiro a se dar conta de que a ruptura com Jung era inevitável; a rivalidade afetiva tornava impossível a conciliação das discordâncias doutrinárias. Só que Freud guardou dessas querelas uma certa mágoa em relação àqueles que o cercavam, posto que deixaram entrever certa tendência a manter a psicanálise só para eles. Reconhecia o grande valor de Abraham, mas não confiava nele. Muito mais tarde (a 5 de novembro de 1925), ele admitiria a justeza de seus julgamentos passados, mas sem querer escutar novas advertências, relativas a outras dificuldades: "Se você vier a ter razão outra vez, nada me impedirá de reconhecê-lo outra vez", escreveu. Mas não teve tempo de reconhecer, pois essa foi a última carta antes da morte de Abraham. E Freud permaneceu, desse modo, com uma espécie de dívida não saldada para com ele.

O pequeno Hans

Em 1908, ainda muito conciliador, longe de criticar as contribuições de Jung, ele as amalgamava às próprias ideias (o que será particularmente visível na análise do Homem dos Ratos). A análise do pequeno Hans nada traz que possa concordar com as teses de Jung; ao contrário, e como se verá, é na análise da infância que Freud mais tarde buscará suas melhores provas para refutar Jung.

Nos *Três ensaios*, Freud havia negado que se pudesse tirar alguma coisa da observação direta de crianças. Mas, é claro, uma vez elucidada a questão por meio da análise de neuróticos adultos, se tornaria possível, pelo estudo das próprias crianças, verificar as "reconstituições". Desse modo, atentando para apresentar a prova direta do que havia antecipado nos *Três ensaios*, Freud se pôs a exigir de seus amigos e alunos que reunissem observações sobre a vida sexual das crianças.

Ele conhecia os pais do pequeno Hans. Analisara sua mãe antes do casamento (certamente uma histérica); o pai havia seguido suas conferências, e Freud recebera observações concernentes ao filho do casal bem antes que se pensasse em analisá-lo. Quando sintomas fóbicos surgiram no menino (ele tinha cinco anos), decidiu-se a efetuar sua análise.

O papel do analista foi confiado ao pai, uma vez que Freud estava convencido de que "ninguém mais poderia encarregar-se desse papel". Essa convicção pesou muito, como se sabe, na história da análise de crianças. Ainda hoje, o lugar dos pais em tal análise permanece sujeito a controvérsias. Não podemos senão imaginar o que teria sido essa história se Freud houvesse realizado pessoalmente a análise de Hans. O pai re-

Da histeria a uma teoria geral 133

latava a Freud a análise e este a dirigia permanecendo discretamente afastado: pode-se crer que Freud queria imiscuir-se o menos possível para que ela fosse o testemunho "imparcial" da justeza das teses dos *Três ensaios*. Tem-se a prova de que esse era bem o seu objetivo no fato, que surpreendeu os comentadores, de que no *Jahrbuch*, onde esse estudo apareceu pela primeira vez, Freud o considerasse como *apresentado* por ele, e não como sua obra.

Como de hábito, essa análise confirmava perfeitamente os conhecimentos já adquiridos e abria novas questões que obrigavam a superar o já conhecido. (As crianças contavam com "suas teorias" sobre a sexualidade; o Édipo era acompanhado de fantasias relativas à *castração*; tornava-se necessário introduzir uma fase *fálica* na sequência das *organizações* etc.) Tudo isso só seria inteiramente esclarecido quinze anos mais tarde.

PARA NOS DARMOS CONTA desses desenvolvimentos, há que, nos *Três ensaios*, distinguir o texto de 1905 dos acréscimos ulteriores. Finalmente, em 1922, a análise de 1908 teria uma sequência surpreendente que iria justificar, talvez impor, modificações num ponto capital: nada mais que a maneira de conceber as relações entre o consciente e o inconsciente.

Mas o que de saída interessa a Freud é a confirmação que esse estudo oferece às descobertas já efetuadas. Quando, em 1918, ele expuser a maneira pela qual analisou a neurose infantil do Homem dos Lobos (retrospectivamente, como sempre fizera, obtendo o conhecimento da sexualidade infantil a partir da análise de um adulto), invocará como prova a análise direta de crianças. Se ele próprio não tinha necessidade dessa prova, ela não deixaria de ser um poderoso argumento contra seus opositores, particularmente contra Jung. Ele dirá:

> Seja o que for, podemos afirmar que as análises das neuroses infantis possuem um interesse teórico particularmente grande... A neurose aí salta aos olhos sem que se a possa desconhecer. Na fase atual do combate que se desencadeia contra a psicanálise, a resistência contra suas descobertas assumiu, como sabemos, uma nova forma. Outrora, tratava-se de negar a realidade dos fatos apontados pela psicanálise, e o melhor meio para isso parecia ser evitar o seu exame. Tal procedimento parece ter sido, aos poucos, abandonado; reconhecem-se os fatos, mas as consequências deles decorrentes são eludidas mediante reinterpretações... O estudo das neuroses infantis demonstra a plena insuficiência dessas tentativas de reinterpretação arbitrárias...[9]

Mas em 1908 não era das "reinterpretações" que Freud tinha que se defender, e sim da incredulidade daqueles que leram os *Três ensaios*.

Além desse aspecto, a contribuição da análise do pequeno Hans refere-se claramente à teoria da fobia. Um terceiro ponto, que ainda hoje é tema de discussão, diz respeito ao papel que a psicanálise possa desempenhar nos problemas teóricos e práticos da educação infantil.

Em 1922, Hans, que não era mais "o pequeno", mas um jovem folgazão de dezenove anos, vem, de imprevisto, visitar Freud. Este ficou satisfeito por vê-lo perfeitamente normal, ao contrário dos temores de seus adversários, "mas Hans ensinou-me algo notável que me impressionou particularmente, e de que eu não me arrisco a dar uma explicação.

Havia lido a história de seu caso. Pareceu-lhe totalmente estranha, não podia se reconhecer nela".[10] Isto não nos parece extraordinário. As análises são com frequência esquecidas, sem no entanto deixarem de produzir seus efeitos.

Mas Freud, no próprio decorrer de sua exposição, explicara o processo de cura pela passagem do recalcado *à consciência* e chegara até a atribuir à consciência uma função *biológica* (isto é, de adaptação). Ele não era pessoa de deixar passar o desmentido que o pequeno Hans lhe infligia. O valor (biológico ou não) da "tomada de consciência" já não será mais evidente e será problematizado daí em diante.

Na exposição do caso, Freud acrescentará uma nota de pé de página (III, *in fine*) por ocasião da reedição de 1923, em que substituirá a consciência pelo pré-consciente; e, a partir de setembro de 1922 (Hans o visitara na primavera), ele se põe a elaborar uma nova tópica, capaz de dar conta do fato "particularmente notável" que Hans acabara de lhe ensinar. Temos assim uma ideia da maneira pela qual Freud elaborava e corrigia suas construções teóricas. Sem a menor dúvida, não é essa experiência por si só que está na origem da nova concepção tópica de 1923, mas ela parece ter desempenhado um papel desencadeador.

O Homem dos Ratos

A análise do Homem dos Ratos ("Observações sobre um caso de neurose obsessiva", 1909) é o coroamento e a conclusão de todo o período que acabamos de percorrer e que remonta ao abandono do *Projeto* de 1895 e à experiência transferencial com Fliess. Agora, finalmente, o conteúdo do capítulo VII de *A interpretação dos sonhos, A psicopatologia da vida cotidiana, Os chistes, os Três ensaios* — tudo converge e se harmoniza. A análise inteira apresenta-se como um grande sonho, e, pela primeira vez, a transferência do desejo inconsciente para a imagem do analista revela-se não só como o essencial da resistência, mas como o único meio de operar o recalcamento desse desejo.

Uma questão embaraçosa permanece para Freud, que o leva a dizer que ainda não possui a teoria da neurose obsessiva; ele se pergunta como é possível que tudo o que descobrira no estudo da histeria se verifique *ainda melhor* num obsessivo, pois não há dúvida de que o caso do Homem dos Ratos contribui muito mais para essa verificação que o de Dora. Aliás, o Homem dos Ratos — sinistro pseudônimo para o educado jovem neurótico a quem é atribuído, e que só o mereceria por suas fantasias — viera até Freud (em outubro de 1907, logo após um período de manobras militares de que participara como reservista, durante o qual fora tomado por um estado de ansiedade e angústia) porque lera a *Psicopatologia da vida cotidiana*, na qual reconhecera alguns de seus mecanismos de associação verbal. Uma histérica não se teria reconhecido tão judiciosamente em nenhum dos escritos de Freud.

Vê-se claramente nessa análise (enquanto no histérico tudo é subtraído pelo recalcamento) como o desejo inconsciente (aqui um desejo de morte) arrasta consigo a fala do sujeito para submetê-la às leis do processo primário, e como esse desejo só é acessível pelo modo como as relações do paciente com o analista são distorcidas pelo efeito desse mesmo processo.

Da histeria a uma teoria geral 137

Como sempre, essa verificação do saber adquirido faz-se acompanhar de novas dificuldades. A noção capital de defesas secundárias coloca problemas tópicos plenos de interesse. A noção de autoerotismo torna-se insuficiente. O caráter inconsciente das obsessões é paradoxal.

Para o leitor do Homem dos Ratos interessado em explicações mais precisas sobre o aspecto metapsicológico dessas questões, lembremos que as *defesas secundárias*, em que se vê a fala cair sob a influência do desejo inconsciente e do processo primário, se formam exatamente como conteúdo manifesto do sonho e, portanto, *deveriam* ser conscientes. Seria preciso modificar as próprias noções de consciente e de inconsciente. O mesmo se aplicava às *obsessões*, que são feitas de palavras que o sujeito ignora. Finalmente, seria necessário, nas edições ulteriores dos *Três ensaios*, que as organizações pré-genitais e as teorias infantis viessem se acrescentar a um autoerotismo demasiado simples — como veremos no Homem dos Lobos.

Mas, se o texto do Homem dos Ratos parecia reclamar elementos teóricos que faltavam, ainda era muito difícil apontar nele o lugar dessas lacunas. O *supereu*, por exemplo, ainda faltava à teoria, mas já estava presente na própria análise; poderia ser introduzido nela apenas para rotular, por assim dizer, o que de fato já está ali, e com isso nada lhe seria acrescentado de novo. Freud talvez nunca tenha teorizado inteiramente tudo o que está contido nesse texto extraordinariamente rico (sobre a linguagem e a fala, por exemplo); tem-se a impressão de estar numa encruzilhada em que se abrem caminhos que não foram todos explorados.

Foi também aí que Freud se mostrou pela última vez complacente com as ideias de Jung: ao lado das associações *verbais,* atribuiu um lugar àqueles "complexos associativos" em que as ideias se agrupam segundo as leis de um simbolismo arbitrário. Por exemplo, *Ratte* (rato) faz em pensar em *Rate* (cota--parte), o que pode explicar a frase do Homem dos Ratos "Por cada florim, um rato!", e isto é Freud; mas também qualquer outra coisa pode ser associada ao rato de modo "complexual", a sífilis por exemplo, e isso é Jung. Podemos explicar pela mesma complacência os acréscimos que Freud fez a seu livro sobre os sonhos na reedição de 1909, relacionados sobretudo ao "simbolismo".

Não se sabe por qual milagre Freud, que destruía sistematicamente seus rascunhos, conservou entre seus papéis as anotações originais da análise do Homem dos Ratos. O leitor dessas anotações corre o risco de sentir certa decepção ao descobrir como a exposição definitiva a elas se acomoda. Tal decepção merece ser analisada: o que esperávamos descobrir? A conformidade encontrada nos mostra o quanto tudo já ficava ordenado em cada sessão. Não é verossímil pensar que o paciente nunca tenha falado sem dizer nada, e sim que Freud não estenografava suas palavras! Para passar das anotações à exposição ele não tinha necessidade de resumir nem de selecionar, apenas de negligenciar as repetições, de tal maneira que, quando encontramos nas anotações detalhes que foram abandonados, nada aprendemos que já não esteja na exposição. (Ele só redigia suas anotações ao final de cada dia, deixando que o esquecimento fizesse seu trabalho, sem se preocupar com a inútil abundância de "material" ou com a cega atenção para todos os detalhes. Nunca tinha o que corrigir; se alguma coisa inesperada o surpreendia, era um

Da histeria a uma teoria geral 139

traço da análise que seria anotado na exposição definitiva. Neste aspecto de seu trabalho, Freud continua inigualável, por maior que seja a fidelidade com que se o siga.)

O Homem dos Lobos

Na opinião de Freud, o Homem dos Ratos foi curado "depressa demais", o que o impediu de prosseguir a análise tão longe quanto seria desejável no interesse da ciência. Ele não encontrará esse "inconveniente" na análise que desenvolve, cerca de três anos mais tarde, com um jovem que recebeu o pseudônimo de Homem dos Lobos, a partir do conteúdo do sonho que ocupa um lugar central nessa análise. ("História de uma neurose infantil", publicado em 1918.)

Não conhecemos a totalidade dessa análise. Sabemos apenas que ela foi muito difícil, embora o paciente desse uma impressão de lucidez "tal que só se obtém sob hipnose" — e parece que, com efeito, haveria aí um elemento psicótico em jogo. O que Freud nos comunicou foi apenas a parte da análise que se refere à neurose infantil, a qual tinha a forma de uma neurose obsessiva.

A análise dessa neurose obsessiva, embora sob certos aspectos seja menos satisfatória que a do Homem dos Ratos (não se poderia tratar da questão da transferência nessa análise retrospectiva e não sabemos quase nada das importantíssimas relações do paciente com seu analista) é, no entanto, muito mais rica: a castração, o masoquismo, a homossexualidade, a identificação, o erotismo anal, que não eram mencionados em 1907, aí encontram seu lugar. Uma nova forma de rejeição do

140   *Freud e a descoberta do inconsciente*

saber — distinta do recalcamento — é mencionada (*Verwerfung* [rejeição], que Lacan traduziu por *forclusion* [foraclusão]).

Um dos objetivos de Freud ao escrever esse relatório é refutar Jung, mostrando desde a infância a presença de motivos libidinais e a ausência de aspirações culturais. Um lugar especial é consagrado à questão de saber até que ponto a projeção das imaginações do sujeito adulto sobre o passado pode falsificar as reconstruções, e mesmo introduzir aí as fantasias do analista. Essa é uma objeção que fazia a Jung. O problema da relação da fantasia com a realidade, portanto, se colocará outra vez, como se estivéssemos de volta a 1897; e Freud observa que "a velha teoria do trauma, que estava em suma construída sobre a impressão produzida pela prática analítica, volta outra vez a ser tematizada". É preciso que nos interroguemos sobre a autenticidade dos fatos contados pelo paciente, que utilizemos, na medida do possível, os métodos da crítica histórica para nos assegurarmos da verdade da sedução pela irmã, da observação das relações dos pais (*Urszene*). Mas Freud sabe que o problema não está aí, que a questão da realidade é não essencial e que a necessidade de refutar Jung não o obriga a discutir essa atitude realista. Por outro lado, quer as fantasias se referissem ou não a uma realidade, a posição de Jung exigiria ser refutada. (Todavia, a necessidade de encontrar uma experiência real por detrás da fantasia levará Freud a formular, nesse texto, uma hipótese que não abandonará mais: a de uma memória da espécie, de uma *herança filogenética*; ver p. 153.)

O que ele critica em Jung (e em Adler) é sobretudo conservar da análise apenas as partes que não correm o risco de provocar resistência — porque elas já eram admitidas antes

Da histeria a uma teoria geral 141

que a análise fosse descoberta: os conflitos atuais, os interesses egoístas, por exemplo.

As ideias que se lhe opõem

são geralmente obtidas pelo mecanismo de tomar a parte pelo todo. De uma combinação de alta complexidade destaca-se uma parte dos fatores efetivos, apresentando-os como a verdade inteira. Em favor dessa verdade, repudia-se o restante, ou toda a combinação. Ao se olhar mais atentamente, vê-se a que grupo de fatores foi dada a preferência: àquele que contém um material já conhecido a partir de outras fontes. Jung escolheu os conflitos atuais e a regressão; Adler, os motivos egoístas...[11]

Essa maneira de tratar as teorias originais, e não apenas a de Freud, é muito frequente na história das ideias, e, mesmo que já não se trate de Jung e Adler, a psicanálise continua exposta ao mesmo risco.

A sublimação

A partir do momento em que publicou os *Três ensaios*, Freud não nos deixou mais ver grande coisa de sua vida pessoal. Sua história verdadeiramente se confunde com o desenvolvimento de sua doutrina, como disse. Isto não se deve apenas ao fato de que a maior parte de sua correspondência não nos seja acessível, mas sobretudo porque sua atitude mudou profundamente. Já não faz mais a menor confidência ao leitor sobre a maneira como se arranja com suas próprias resistências. Em 1910, ano em que começava a análise do Homem dos Lobos, Ferenczi se queixava de uma falta de reciprocidade em suas relações: abria-se com Freud, falava, mas este não fazia o mesmo. A 6 de outubro, Freud escreve:

> Você não só observou mas compreendeu que agora não tenho mais a menor necessidade de desvelar completamente minha personalidade, e você relacionou corretamente esse fato à causa traumática dele. Desde o caso Fliess, o qual recentemente você me viu ocupado em superar, tal necessidade foi suprimida. Uma parte de investimento homossexual foi retirada e serviu para fortalecer meu próprio eu. Consegui triunfar onde o paranoico fracassa.

Trata-se da sublimação. Essa palavra aparecera nos *Três ensaios*, cuja reedição Freud prepara exatamente em 1910. Nessa segunda edição, ele apenas acrescentará algumas notas, reservando para mais tarde acréscimos importantes; mas num estudo sobre Leonardo da Vinci e num outro sobre o presidente Schreber retomou essas questões: a sublimação por um lado, suas relações com a homossexualidade e a paranoia por outro.

Leonardo

O que interessa a Freud no caso de Leonardo da Vinci são, em grande parte, seus próprios problemas: de onde vem essa necessidade de saber, que conduz Leonardo para muito além de seus contemporâneos no estudo da natureza e das ciências, por caminhos que ninguém imaginara abrir e por onde ninguém sonhou segui-lo? Esse traço, em parte compulsivo,

Da histeria a uma teoria geral   143

fá-lo negligenciar uma arte na qual se destaca e o impede com frequência de terminar verdadeiramente seus diversos e numerosos projetos. A resposta afirma que se trata de uma imperfeição da sublimação. E, no caso de Leonardo, há que assinalar um componente homossexual que remonta à sua infância. O paradoxo do estudo efetuado por Freud é que não sabemos coisa alguma da infância do pintor — exceto um detalhe prodigioso e quase fabuloso: um milhafre (*nibbio*), isto é, uma ave de rapina, pousou no berço em que ele dormia e lhe pôs a cauda entre os lábios. Sobre base tão estreita, Freud vai elevar duas construções. Uma que ele confessará de bom grado ser puramente conjectural: é uma reconstituição biográfica. A outra, extremamente sólida, é um esboço da teoria das pulsões, que só receberá seu pleno desenvolvimento em "As pulsões e seus destinos", em 1915.

O ponto de partida da pulsão epistemológica (a necessidade de saber) tem por origem a curiosidade da criança em face do enigma que a sexualidade é para ela. Tal pulsão, a partir dessa forma infantil, pode seguir três caminhos, possuir três "destinos": 1) Pode permanecer inibida; a inteligência se detém em seu desenvolvimento, desemboca na estupidez, no retardamento mental. 2) Prossegue sob a forma de atividade intelectual, mas não se desliga de seu primeiro objeto, permanece *sexualizada*; o trabalho intelectual, então, traz consigo os prazeres, as angústias, a culpabilidade, as perversões próprias à esfera sexual; a pesquisa continua, mas seus resultados não têm o valor que deveriam ter — é o caso na neurose obsessiva, por exemplo. 3) A pulsão se sublima (desprende-se de sua

144   *Freud e a descoberta do inconsciente*

finalidade sexual) e a curiosidade opera livremente a serviço de interesses intelectuais autênticos; Freud notara, desde os *Três ensaios* e ainda em 1908, que os elementos perversos da sexualidade são os mais aptos a favorecer essa sublimação; Leonardo da Vinci sem a menor dúvida *sublimou* sua curiosidade sexual — mas sua vida mostra que ele *inibiu* parte dela. Esse estudo aponta para muitas outras coisas. Encontramos aí delineada pela primeira vez a teoria do narcisismo. (Também a encontramos numa nota dos *Três ensaios*, mas, ao que parece, posterior.) Freud depois retomará e abordará com mais precisão uma ideia sobre as relações entre a religião e a neurose que mais tarde irá desenvolver.

Mas seria errôneo procurar ali o que quer que se relacione à pintura e sobretudo à origem do talento de Leonardo. É Pfister, e não Freud, quem descobre uma imagem de abutre na *Sant'Ana* existente no Louvre; é necessária certa ingenuidade para crer que essa visão explique alguma coisa. Por outro lado, os comentadores (sobretudo os ingleses, que conhecem ornitologia) inquietaram-se com o fato de que Freud, vítima de um erro dos tradutores alemães de Leonardo, tivesse posto um abutre no lugar do mais modesto milhafre. Aliás, ele se entregara a considerações mitológicas que caíram por terra uma vez corrigido o erro. Mas evidentemente não é aí que se encontram a importância e o interesse desse trabalho.

Às vezes encontramos leitores que só retiveram a ideia de que Freud empreendeu esse estudo porque descobrira a imagem de um abutre no quadro de *Sant'Ana*. Temos aí traços de resistência interessantes pelo que possuem de típico; e a descoberta de Pfister já é o produto de uma resistência análoga, que recorda aquela que Freud encontrara — ou *nos havia proposto* — em face do *Moisés* de Michelangelo. Em face

Da histeria a uma teoria geral 145

de Leonardo (mais do que de suas pinturas), ele não se deixa desviar do que o toca mais intimamente (a carta a Ferenczi o testemunha e explica ao mesmo tempo por que ele não se abre com o leitor). A ingênua "descoberta" de Pfister pode ter estimulado outros ingênuos — que talvez não precisassem de estímulos — a procurar nas obras (e não apenas nas pictóricas) imagens escondidas. No entanto, bem anteriormente, em *The Figure in The Carpet* (1896), Henry James zombara dessa resistência, da maneira mais humorística, sem a reconhecer como tal, bem entendido...

Schreber

No fundo, é a mesma busca a que Freud dá prosseguimento no Leonardo e no estudo das *Memórias* do presidente Schreber. Seria possível dizer, realmente, que existe um quarto caminho em que pode se perder a curiosidade sexual: a psicose paranoica. (Existe até uma quinta via, quando a pulsão epistemológica sublimada e dessexualizada se volta secundariamente para a curiosidade sexual e permite esse "fortalecimento do eu" laconicamente mencionado na resposta a Ferenczi: é a própria psicanálise. É certo que Freud colocava para si esse gênero de questão em 1910, mas, como ele disse nessa data e na mesma resposta, não tinha mais necessidade de se "desvelar".)

Em 1903, Daniel Paul Schreber, presidente de uma corte de apelação, após longo internamento psiquiátrico, com muita habilidade conduziu e ganhou um processo pelo qual obtinha sua liberdade e o direito de publicar o livro no qual relatava sua própria doença mental. Nem por isso deixou de ser delirante. Numa nota das suas *Memórias*, a propósito de uma passagem na qual discute com grande erudição um ponto jurídico — a saber, em que condições alguém pode ser internado contra a própria vontade —, ele *ao mesmo tempo* se considera um *doente mental* inofensivo, alguém de quem se diz que é vítima de alucinações, e assegura que está convicto de que as ditas "alucinações" encobrem verdades objetivas não reconhecíveis pelos outros. No fim, conseguiu obter do tribunal o direito de delirar sem prejudicar ninguém...

Seu delírio descreve uma cosmologia fantástica, um universo em que seu destino (dele, Schreber) é ser transformado em mulher pelas potências superiores para dar nascimento a uma nova humanidade num mundo destruído. Sua "cura", após uma luta grandiosa e impotente, nada mais é que a aceitação desse destino.

As qualidades intelectuais e morais de Schreber, sua memória, sua lucidez, sua absoluta sinceridade, fazem de seu livro o mais perfeito relato que possuímos de uma paranoia. Fora de circulação em alemão, dele existe tradução inglesa. Uma tradução francesa foi publicada pelas Éditions du Seuil, na coleção Le Champ Freudien, dirigida por Jacques Lacan, em tradução de Paul Duquenne e Nicole Sels.* Dadas as suas qualidades literárias, esse livro poderia despertar interesse fora dos círculos de especialistas.

A propósito de Schreber, Freud enunciou uma formalização dos delírios paranoicos a partir da homossexualidade recusada; a frase que enuncia a posição homossexual — "Eu,

---

* Em português, ver *Memórias de um doente dos nervos*, trad. Marilene Carone. São Paulo: Todavia, 2021. (N. R. T.)

Da histeria a uma teoria geral 147

um homem, amo-o, a ele, um homem" — pode ser negada: "Eu não o amo, eu o odeio". Mas essa segunda proposição pode ser invertida: "Eu não o odeio, é ele que me odeia". Obtém-se assim o delírio de perseguição. Uma outra transformação dá em "Não é ele que eu amo, é ela", donde "É ela que me ama" conduz ao delírio erotomaníaco. O delírio do ciúme está fundado em "Não sou eu quem ama um homem, é ela". Ainda resta uma possibilidade: "Eu não amo absolutamente ninguém". Essa é a base do delírio megalomaníaco.

Esse jogo combinatório dá conta quase mecanicamente de todas as "posições", mas não da formação dos sintomas. Estes se explicam pela retirada "silenciosa" do investimento libidinal do mundo externo, que produz o sentimento do fim do mundo e a necessidade de o reconstruir. Esse trabalho de reconstrução manifesta-se "ruidosamente" e é ele que constatamos sob a forma de delírio. Neste, o que foi abolido interiormente retorna do exterior sob forma alucinatória. (Em termos lacanianos, o que foi foracluído no simbólico manifesta-se no real.)

Mas existe um outro aspecto a considerar: "Encontramo-nos uma vez mais no terreno familiar do complexo paterno. Seu combate com Flechsig", o psiquiatra que tratou de Schreber,

acabou por se revelar a seus olhos como um combate com Deus, e há que ver aí um conflito infantil com o pai, que ele amava. Os detalhes desse conflito (que ignoramos totalmente) determinaram o conteúdo do delírio. Nada falta aqui do material trazido à luz pela psicanálise em outros casos do gênero. Em experiências infantis similares, o pai aparece como quem impede as satisfações, geralmente autoeróticas, que a criança busca. Mais tarde, elas serão substituídas na fantasia por alguma outra satisfação menos desprovida de glória. No período final de seu delírio, as pulsões sexuais infantis conseguiram uma grandiosa vitória sobre Schreber: a volúpia torna-se cheia de temor a Deus e o próprio Deus (o pai) não mais deixava de lhe exigir isso. E a ameaça paterna mais temida, a castração, de fato encontrou o conteúdo da fantasia, de início recusada e mais tarde aceita: ser transformado em mulher.[12]

Assim, a análise aborda esse caso por três lados diferentes e nos fornece três explicações convergentes, mas inteiramente distintas.

Num postscriptum de 1912, Freud observa que Jung devia ter boas razões para afirmar que as forças mitopoéticas da humanidade não estão extintas. Devia sentir alguma satisfação em reconhecê-lo a propósito de um delírio que, evidentemente, não difere em nada, quanto à forma, de certas experiências místicas.

O incesto e o parricídio

BEM ANTES QUE ISSO SE CONSTITUÍSSE numa questão psicanalítica, Freud fora levado a atribuir um caráter antibiológico à civilização. Tratava-se de uma banalidade, mas ela o impressionava. Em 1883 (a 29 de agosto), após assistir a uma representação da *Carmen* (essa ópera tinha então doze anos), ele escrevia a Martha estas palavras "burguesas": "A ralé dá livre curso a seus apetites e nós, nós nos privamos. Privamo-nos a fim de manter nossa integridade, proteger nossa saúde, restringimos nossa capacidade de fruição da vida, preservamo-nos para algo sem mesmo saber por quê".[1] Havia aí, como que em germe, a ideia de opor o princípio de realidade ao princípio de prazer, mas também, talvez, a ideia de que tal oposição não é tão explicativa quanto possa crer um hedonista. Os paradoxos da neurose obsessiva, os mistérios do sentimento de culpa certamente exigem um outro princípio. Por que o homem se proíbe do gozo? A solução epicurista (privar-se é um meio de obter maior satisfação) não é decerto suficiente. Existem proibições não advindas de cálculos interessados e que devem, no entanto, repousar sobre outra coisa que não os mitos religiosos. Estes nada mais são, com efeito, do que os "reflexos do funcionamento interno de nossa psique" (12 de dezembro de 1897); é necessário, portanto, que a interdição seja de início uma realidade psíquica. O modelo de todas as interdições é o do incesto; ele possui essa evidência impenetrável dos verdadeiros imperativos, e que se assemelha ao absurdo.

Parece a Freud que o homem natural — pura imaginação biológica — deveria ser "o selvagem sem inibições" para quem os dois interditos do Édipo (o incesto e o parricídio) não têm o menor sentido. Diderot já tivera essa ideia, mas desde então a etnografia só nos mostrou os "primitivos" ainda mais presos do que nós a inexplicáveis tabus e a interdições totêmicas mais estritas que os imperativos da cultura (*Totemism and Exogamy*, de Frazer, aparece em 1911). E, depois, esclarecer a questão da origem das religiões era correr o risco de provocar uma ruptura com Jung; isso não desagradaria a Freud, desde que não fosse ele quem tomasse a iniciativa dessa ruptura.

Todavia, a verdadeira razão que o obriga a considerar essas questões é que ele tropeça cada vez mais no que mais tarde se tornará o problema do *supereu*. Os juízos da consciência moral possuem um fundamento obscuro a ser buscado do lado do inconsciente. Eles se impõem sem a menor necessidade de explicação ou justificação. Nisto são idênticos aos *tabus*, dos quais os "primitivos" não podem dar conta, assim como os obsessivos não podem compreender a natureza de suas ideias compulsivas.

Freud, de maneira confiante (no fundo sem indagar sobre sua validade), adotou como ponto de partida os postulados geralmente aceitos nas ciências sociais de sua época. Admitiu sem crítica, por exemplo, que o parentesco por consanguinidade, sendo "biológico", é também mais natural que as outras formas de parentesco e deve ter precedido cronologicamente as instituições totêmicas. Também não discutiu

O incesto e o parricídio 151

a ideia que fazia dos selvagens contemporâneos, estudados pelos etnógrafos como o equivalente dos homens pré-históricos e também das crianças, confundidos num mesmo *primitivismo*. Mas, encontrando-se em seu próprio terreno, quando mostra as aproximações a serem feitas entre os costumes arcaicos e alguns traços da neurose obsessiva não segue ninguém, e é aí que se encontra a parte mais sólida de sua contribuição.

Em todo o caso, não é a primeira vez que o trabalho de Freud vai além das verdades científicas em que se baseava. A etnografia de hoje pode criticar a de ontem, na qual Freud se apoiava; trata-se, por assim dizer, de uma questão entre etnógrafos. O essencial, o problema das interdições edipianas e do mundo fantasístico que as acompanha, não foi arranhado pelo abandono ou pela refutação do totemismo.

As duas interdições ditas totêmicas (não matar o totem, não manter relações sexuais com pessoa pertencente ao mesmo totem) correspondem às interdições do Édipo. Não há dúvida de que foi em razão do próprio complexo de Édipo dos etnógrafos que o totemismo gozou de tanto sucesso entre eles. Freud, em todo caso, não podia fazer essa inversão irônica. Ele se limita a constatar o caráter universal do Édipo, que pode dar conta de todos esses costumes. Mas seria ele próprio explicável?

Freud tentou dar-lhe um fundamento histórico (pré-histórico). Imaginou um mito: um dia, os filhos mataram o pai primitivo e o comeram; seguiu-se uma nova organização social *fundada na culpa*. Esse mito teve um grande poder emocional sobre seu autor: após ter ficado muito satisfeito com ele, Freud foi tomado de verdadeiro pânico no momento de publicá-lo.

A verdade objetiva desse escrito foi veementemente contestada. O próprio Freud admitia que essa verdade não era necessária, uma fantasia também surtiria o mesmo efeito. Acreditaríamos ouvir aqui um eco das questões colocadas na análise do Homem dos Lobos, que se efetua ao mesmo período. Se Freud prefere manter-se na crença da verdade objetiva, é por um motivo surpreendente: o homem primitivo não era inibido e, por conseguinte, não tinha necessidade de "fantasiar" em vez de agir.

Não há que atacar nem defender Freud no plano dos conhecimentos positivos. A transgressão original, mítica ou não, a imagem culpabilizante do pai morto — aquele que "não sabia que estava morto (como queria o sonhador)", ou o pai do Homem dos Ratos —, é o que as construções de *Totem e tabu* tentam estabelecer. É o resultado da análise dos obsessivos, tanto quanto das atitudes religiosas, e a primeira abordagem de uma questão que assumirá importância cada vez maior: a da culpa.

Freud não é o primeiro nem o último que, ao recorrer à realidade para fundamentar a interdição do incesto, deu a essa dificuldade uma explicação que repousa num círculo vicioso. Todavia, quase na mesma época (1911) ele publicava um artigo[2] onde assumia uma atitude inversa. Declara-se, no início do artigo, disposto a dar maior importância ao princípio de realidade, mas é, no fim das contas, para dar maior lugar à fantasia que não é o Inconsciente nem o pensamento que obedece ao princípio de realidade. Ora, numa passagem — essencial pelo fato de que define a posição analítica — Freud nos coloca sua preocupação:

O incesto e o parricídio   153

Não devemos nunca nos deixar extraviar a ponto de aplicarmos os critérios da realidade às formações psíquicas recalcadas, nem, por consequência, subestimarmos a importância das fantasias na formação dos sintomas, sob o pretexto de que elas não são reais. Por exemplo, não é preciso procurar uma outra origem para o sentimento de culpa, quando está claro que nenhum crime real pode ser evidenciado. Devemos nos abster de usar a moeda corrente do país que exploramos, e, no nosso caso, é a moeda neurótica (*a da fantasia*).

É aí precisamente que Freud dá o exemplo do sonho concernente ao pai que "estava morto e não o sabia": o sentimento de culpa nesse sonho só tem por objeto o desejo fantasístico do sonhador. Freud situa então na "realidade" da pré-história o que só existe no presente sob a forma de fantasia. É difícil dizer se com isso ele pretende utilizar a hipótese da "herança filogenética" ou se simplesmente só podia conceber uma explicação mítica para esse tipo de problema. Mas uma coisa é clara e certa: se ele, desse modo, coloca uma realidade *na pré-história*, não é para a introduzir *na análise*, é evidentemente para afastá-la; e não há a menor contradição, ao contrário, entre *Totem e tabu*, onde ele exige um fato real para fundamentar a culpa, e o artigo contemporâneo sobre o "funcionamento dos dois princípios", no qual elimina essa hipótese e exige que a culpa esteja fundada na fantasia.

O narcisismo

Poderíamos crer que em 1914 Freud não tinha senão que organizar uma teoria já reconhecida, defendê-la ou até inventar mitos para ilustrá-la. Mas não se previa que, em parte para defendê-la contra Jung, ele iria transformar radicalmente a teoria do *eu*, o que acarretaria uma série de consequências e afetaria até, mais tarde, a explicação dos sentimentos de culpa que já começavam a preocupá-lo. Ele introduz uma noção nova, o narcisismo, à qual aliás já fizera alusão (*Zur Einführung des Narzissmus*). Freud praticamente criou a palavra, com essa ortografia. "Quando lhe perguntei", relata Jones (II, xv, *in fine*), "por que não utilizava '*Narzissismus*', que era mais correto... respondeu simplesmente que tal som lhe era desagradável". Recordemos que ele não havia suportado "Sigismund".

O narcisismo foi introduzido antes de tudo para responder às objeções que Jung extraía do estudo da esquizofrenia. Mas essa introdução era muito necessária. Freud, em 1911, sentiu-se tentado a dar ao eu uma função "biológica", a fazer dele essencialmente o agente da adaptação. Parece ter renunciado a isso, ou pelo menos destruiu os artigos que havia escrito nesse sentido. Agora o eu se torna um "objeto", uma *imagem*, um vestígio de identificações passadas; esse eu do narcisismo não pode coincidir com o eu da inibição das pulsões e do controle da motricidade. Freud naturalmente não abandonou suas antigas concepções, mas nos mostra um aspecto do eu que seria inteiramente inesperado e perturbador para os analistas da época.

Jones (II, XII, 19) relata-nos dramaticamente a confusão daqueles que até então haviam compreendido a teoria como um

O incesto e o parricídio 155

conflito de "instintos" — os instintos do eu contra os instintos sexuais — e como tentaram conservar a mesma posição afirmando um conflito entre a "libido do eu" e a "libido do objeto". (Todo um período e talvez toda uma corrente da análise ficaram marcados por esses esforços para restabelecer a antiga concepção.) Eles não podiam fazer ideia de que esse eu, que em última instância era o sucessor da antiga *razão*, também fosse um personagem da fantasia, um objeto imaginário, um espelho de miragens — e agente tanto da loucura quanto da razão. Nem todos, aliás, se convenceram disso. Em todo caso, a ajuda veio da loucura. É para explicar a megalomania, a hipocondria... que a noção de "psiconeurose narcísica" se torna necessária: é nessas "afecções" que os investimentos se concentram no eu do sujeito. O mesmo acontece no sono e na doença orgânica. O próprio enamorar-se se dá como uma defesa contra os investimentos narcísicos quando ultrapassam um certo nível. Mas esse ato não deixa de guardar a marca de sua origem: a escolha do objeto é narcísica quando o objeto representa o próprio sujeito, ou o que ele foi, ou o que gostaria de ser, ou uma parte de si mesmo (um filho). "O amor parental, que é tão comovente e, no fundo, tão pueril, nada mais é que o narcisismo ressuscitado dos pais que, embora transformado em amor objetal, infalivelmente revela sua natureza primária" (III).

Na neurose, o eu, incapaz de realizar seu ideal, procura encontrar uma posição narcísica

escolhendo um objeto dotado da excelência que ele não pôde alcançar. Essa é a cura pelo amor que geralmente ele prefere ao tratamento analítico. De fato, ele não pode acreditar que haja outra possibilidade. Traz esse tipo de esperança para o tratamento e faz do médico seu objeto. Sua incapacidade de amar, resultante de seus recalcamentos, naturalmente funciona como obstáculo a um plano de cura desse tipo. Um resultado não desejado com frequência se apresenta, quando, graças ao tratamento, ele se liberta parcialmente de seus recalcamentos: interrompe o tratamento para escolher um objeto de amor, demandando a cura à vida em comum com quem ama. Poderíamos ficar satisfeitos com esse resultado, caso não trouxesse o risco de uma esmagadora dependência em relação à pessoa que lhe prestou seu amoroso auxílio (III).[3]

Impossível não se surpreender com a maneira como Freud trata os aportes libidinais recebidos pelo eu: ele os adiciona, qualquer que seja sua origem. O amor proveniente do outro soma-se ao amor de si mesmo; não estamos, com efeito, no registro das pulsões, mas no das fantasias e do desejo, e aqui o próprio estatuto da libido, que é fundamental, não tem perfeita clareza. Compreendemos bem que aqueles que tudo haviam posto numa "dinâmica instintual" tenham ficado desconcertados quando foi preciso não substituí-la, mas superpor a ela as novas concepções.

Em 1915, Freud tratou um caso de melancolia, e teve oportunidade para refletir sobre a violência que as autoacusações podem assumir. Desde 1897, quando aludira à melancolia numa carta a Fliess, não voltara a se ocupar disso. Abraham, porém, mais aberto ao problema das psicoses, já abordara esse tema num artigo de 1911. Era natural que Freud lhe falasse sobre o artigo que pretendia escrever a propósito do caso que estava tratando.

O incesto e o parricídio 157

Abraham, alegando não querer pôr em primeiro plano qualquer questão de prioridade, apresentou algumas sugestões: em particular, propunha a noção de *incorporação do objeto perdido* em lugar da *identificação*. Baseava-se em casos antigos de *licantropia*, em que se manifestava a autoacusação delirante de antropofagia. Freud considerou úteis essas observações: "Incorporei *(!)* sem hesitar a meu artigo as partes que podiam me servir: o papel da fase oral e a aproximação com o luto" (4 de maio de 1915).

A dificuldade da questão é que, se o sujeito perdeu o objeto amado, também o conservou (por identificação, dirá Freud; por incorporação, dirá Abraham — eis a bifurcação que leva às concepções kleinianas). As reprimendas, as queixas que se dirigiam ao objeto, retornam contra o eu do sujeito. Essa situação existe na depressão neurótica. A melancolia, porém, revela o acusador implacável, o torturador íntimo de si mesmo que o sujeito pode se tornar. É preciso supor, portanto, a existência, junto ao eu, de uma "instância crítica", fundada na identificação com alguma autoridade passada. A obscuridade em que esse drama se desenrola, a investigação de seus fundamentos inconscientes, vai sugerir as hipóteses da pulsão de morte (1920) e do supereu (1923).

Uma pulsão de morte ou de destruição
que opera em silêncio...

Os analistas anglo-saxões, marcados por uma filosofia biológica baseada na concorrência vital, acharam muito natural fazer da agressividade uma reação à frustração. Mas para Freud as dificuldades não poderiam ser explicadas desse modo (carta a Jung, 30 de novembro de 1911). Na filosofia alemã havia visões menos simplistas, em Schopenhauer ou em Nietzsche, mas é duvidoso que eles tenham influenciado Freud. Em compensação, o fator determinante foi a necessidade de explicar, ou pelo menos de levar em conta, os paradoxos do masoquismo, das autocensuras, das reações terapêuticas negativas e, em geral, da universalidade dos sentimentos de culpa.

Essas preocupações remontam a muito longe; já as vislumbramos em um artigo de 1905 sobre "Os tipos psicopáticos no palco". Todavia, a questão sofrerá uma modificação decisiva; a formulação "Como pode a representação do sofrimento ser uma fonte de prazer?" transforma-se em "Qual a natureza da compulsão que leva à repetição de situações desagradáveis como ocorre, por exemplo, na neurose traumática e na brincadeira infantil?".

Quando se efetua a análise dessas repetições (que na vida aparecem como repetições de fracassos e que no tratamento

Uma pulsão de morte ou de destruição que opera em silêncio... 159

encontramos na transferência), mediante a utilização dos dois grandes princípios (prazer e realidade), sempre fica um *resto*. E esse resto consiste na compulsão à repetição, que parece impossível de ser explicada.

Num jogo, uma criancinha repetia, ao fazer desaparecer e reaparecer um objeto qualquer, a situação desagradável criada pela partida de sua mãe. Esse brinquedo era um jogo verbal; os advérbios alemães *fort* e *da* pontuavam as saídas e as chegadas. Trata-se de simbolizar uma situação ou, como diz Freud, de ligar as excitações pulsionais, de submetê-las ao processo secundário mediante a atividade verbal que se encontra à disposição do pré-consciente. Se o pré-consciente fracassa, a repetição prossegue indefinidamente.

Daí se deduz (de maneira muito especulativa) que toda pulsão tende a repetir um estado antigo que o sujeito foi obrigado a abandonar (o que a aproxima, *aqui*, do desejo) e, por uma extrapolação que Freud considera arriscada — mas à qual se atém —, ele supõe a existência de uma *pulsão de morte*, que tende a reconduzir os seres vivos a um estado anterior à vida (o da matéria inorgânica). Essa tese de 1920 será reencontrada, em 1933, na quarta das *Novas conferências*, e ali sua exposição será mais fácil de acompanhar.

Freud não está convencido de ter demonstrado a existência de uma pulsão de morte no sentido biológico. Mas está persuadido do quanto um princípio distinto é necessário para dar conta dos fatos de repetição, de ódio, de agressividade, de culpa... o postulado que de início o orientara, a busca do prazer regulada pela realidade, isto é, um hedonismo moderado pela sabedoria, não pode ser suficiente. Do ponto de vista da biologia, a hipótese da pulsão de morte permanece paradoxal ou arbitrária, sobretudo se os tradutores fazem dela um *instinto*. Para a psicanálise ela é, de uma forma ou de outra, indispensável. Trata-se de uma pulsão de caráter tão fundamental quanto a pulsão sexual e que será o outro polo da estrutura cujo primeiro polo é a libido; desse modo, o eu, já desalojado de sua antiga posição polar e submetido aos investimentos narcísicos, torna-se, além disso, objeto dos ataques provenientes desse novo flanco. Como se vê, a necessidade desse novo desenvolvimento era previsível desde a introdução do narcisismo.

Se a existência da pulsão de morte ainda não se converteu num lugar comum, se ela ainda provoca a impressão de um paradoxo inútil, é porque até agora ninguém ainda ousou escrever os *Três ensaios sobre a pulsão de morte* que ultrapassariam as descrições da criminologia, do mesmo modo que os *Três ensaios sobre a sexualidade* tornaram caduca a sexologia. E é claro que aqui as resistências são infinitamente mais fortes que no caso da libido.

O Eu e os outros

Pelo fato de ter sido desalojado de sua antiga posição polar, o Eu suscita novos problemas. Não é de espantar que estes tenham surgido pela primeira vez justamente no final do ensaio sobre o narcisismo. Não parecia indispensável, para aprofundá-los, considerar o comportamento das massas; mas essa questão permanecia como um paradoxo obscuro, quando os políticos e os policiais, não sabendo como tratar a responsabilidade dos atos coletivos, não tinham outro expe-

Uma pulsão de morte ou de destruição que opera em silêncio... 161

diente senão o de fazer reféns, sob o nome de "insufladores". O tratado de Le Bon (1895) permanecia descritivo e parecia ser o resultado de uma mistura de preocupações políticas com temores fóbicos. Em "Psicologia das massas e análise do eu", essa questão é retomada e esclarecida mediante as noções de identificação e *ideal do Eu*. Esta última instância vem preencher um vazio deixado pela *agência crítica*. Esta, com efeito, era capaz de mergulhar o sujeito na culpa; o ideal do Eu, pela identificação, permite-lhe reencontrar uma situação infantil, *como a hipnose*. Desse modo, ela traz um remédio (irracional) para a culpa (Freud não poderia imaginar como tudo isto se comprovaria com Hitler). Mas trata-se, sobretudo, da oportunidade de expor de maneira sistemática os diferentes níveis de identificação, o que significa distinguir estratos no interior do Eu (xi), até que seja necessário destacá-los, de modo que suas conclusões só se tornarão mais precisas em 1923. Mas esse escrito de 1921 contém muitas observações novas e de grande interesse como, por exemplo (viii e xii, E), uma discussão das relações entre a hipnose e o enamorar-se.

A nova tópica

Em dez anos, de 1915 a 1925, Freud escreveu numerosos artigos sobre técnica e especialmente sobre metapsicologia, que não temos como não sacrificar aqui, dada a impossibilidade de lhes fazer justiça sem longos desenvolvimentos. "As miniaturas me fizeram ver que o formato obriga o artista a simplificar e descuidar de alguns detalhes...", diz ele a Stefan Zweig (carta de 7 de fevereiro de 1931). Esse trabalho de simplificação tem suas necessidades e seus limites, e o leitor que desejar escapar a essa opressão do "formato" deverá remeter-se aos próprios textos, alguns dos quais são muito importantes, por exemplo "O fetichismo" e "A negação".

O artigo sobre "A negação"[1] não pode ser resumido: não tem mais que quatro páginas. Exigiria, antes, ser desenvolvido. O primeiro modelo da duplicidade psíquica — o dualismo metapsicológico —, que permitira interpretar os sintomas histéricos, era a oposição entre o recalcado e a consciência. Freud sempre admitira que a negação era uma confissão. Aquele que, acerca de uma imagem que figura em um dos seus sonhos, diz espontaneamente "Não é a minha mãe", está confessando que é a sua mãe, ou pelo menos que *pensou* que era. Admitia-se então que o recalque fora suspenso, mas a consciência continuava a se defender por um mecanismo *secundário*. Aparentemente Freud permaneceu fiel a esse primeiro esquema, mas ele o corrigiu quanto a um ponto essencial: não há suspensão do recalque. Mesmo que o paciente aceite a interpretação do analista, ele não deixa de subsistir.

Trata-se de um significante, um símbolo ("não"), que faz aparecer algo de diverso do recalque, ou da *recusa* e da *rejeição*, mesmo que os suponha. Permite à função do juízo constituir-se. Torna possível a existência de uma linguagem capaz de burlar as barreiras do recalque, sem as ultrapassar. Mallarmé, antes de Freud, descobrira o papel fundador da negação na instituição da linguagem. Mas colocava-se numa perspectiva bem diferente.

Em "O fetichismo",[2] Freud desenvolve os efeitos de uma crença *recusada* mas não *recalcada*, nem *negada*. Introduz as-

Uma pulsão de morte ou de destruição que opera em silêncio...   163

sim uma novidade que se assemelha a um modo de defesa, provavelmente não neurótico. A crença recusada é aquela que afirma a existência do falo materno. Essa crença aparentemente desaparece, mas apesar de tudo se conserva. A existência dos fetichistas é prova disso; essa crença, conservada na sombra, é, aliás, inacessível e impossível de vencer. O fetiche constitui o *stigma indelebile*, o memorial da descoberta da castração feminina e, ao mesmo tempo, da conservação de uma crença contrária e oculta. A possibilidade de ter simultaneamente duas crenças contrárias, uma oficial e outra secreta, secreta para o próprio sujeito, não depende do recalcamento nem do mecanismo da negação. Para explicá-la, há que retomar e aperfeiçoar uma ideia antiga (a do desdobramento) e transformá-la na *clivagem do Eu*. No final de sua vida, em um de seus últimos artigos, Freud retornará a esse problema. É essa clivagem que explica inúmeras atitudes duplas e contraditórias. Particularmente a concepção de uma vida após a morte, que não é apenas aquela das crenças religiosas, mas que também se encontra em certas atitudes patológicas em que o sujeito não nega a morte de um ser que lhe era caro mas se comporta como se ele ainda estivesse vivo.

Os trabalhos sobre a metapsicologia obrigaram Freud a, em 1923 — para evitar algumas confusões e ao mesmo tempo para dar conta dos sentimentos de culpa —, construir uma nova tópica (em "O eu e o isso"). Chama-se *tópica* a teoria que distingue partes no aparelho psíquico e que permite que se as represente *como* no espaço, embora essa representação não tenha a menor relação com qualquer disposição anatômica real.

A antiga tópica data da *Interpretação dos sonhos* e distingue o inconsciente, o pré-consciente e a consciência. Ela não é abandonada, mas uma outra distribuição se lhe superpõe: o isso, o Eu e o Supereu. O *isso* é um termo que Freud toma emprestado de Groddeck, que dizia tê-la tirado de Nietzsche. Em alemão, o uso dessa palavra (*Es*) parece natural, pelo modo como essa língua utiliza o neutro. O *isso* é feito da energia psíquica inconsciente que provém da libido e da pulsão de morte. O *Supereu* é o nome que recebe a *agência crítica*, agora separada do *Eu*. Este último continua sendo o que era, agente de adaptação; mas modificara-se desde o momento em que o narcisismo fora "introduzido". Já não pode mais ser antes de tudo o órgão de uma "função biológica", como em 1909; encontra-se ameaçado de todos os lados.

> Em sua posição intermediária entre o *isso* e a realidade, ele cede com muita frequência à tentação de se tornar um adulador corrupto, oportunista, mentiroso, tal como um político que vê a verdade mas quer conservar as boas graças do povo. Não mantém uma atitude imparcial em face das duas classes de pulsões (*libido e pulsão de morte*); em seu trabalho de identificação e sublimação apoia as pulsões de morte, no *isso*, contra a libido, mas ao fazê-lo corre o risco de ele próprio converter-se em objeto das pulsões de morte e perecer. Para ser eficaz, teve que encher-se de libido; converte-se, assim, no representante de Eros e por isso deseja viver e ser amado (v).[3]

O *eu*, que no início da teoria era uma das partes do conflito, já não é sequer o seu árbitro e corre o risco de se transformar no móbil. O próprio narcisismo aparece como uma defesa contra as pulsões de morte... Por essa tópica Freud indica onde se situam agora as dificuldades e com que es-

Uma pulsão de morte ou de destruição que opera em silêncio... 165

pírito pretende abordá-las. Ele não precisou desenhar com grande exatidão as fronteiras das novas instâncias, e aqueles que procuram em seus textos os meios de fazê-lo ficam às vezes embaraçados.

A formulação da nova tópica é considerada pelo próprio Freud como sua última contribuição de alguma importância para a teoria analítica.[4] Sua mudança de interesse se deve, diz ele, a uma modificação profunda

> que poderia ser descrita como uma fase de desenvolvimento regressivo. Meu interesse fez um desvio, que durou toda uma vida, pelas ciências da natureza, pela medicina e pela psicoterapia, e depois voltou para as questões culturais que me fascinavam desde muito tempo antes, quando eu mal chegara à idade de refletir.

Mas a data da "nova tópica" (1923) também é aquela em que ele se descobre com um câncer. Só sobreviveu ao preço de numerosas operações e de consideráveis sofrimentos. Quando se aproximava dos 75 anos, tomou a decisão de não se impor a menor privação, a começar pelos charutos. Podemos pensar que já por volta de 1927 ele assumia uma liberdade análoga abordando os temas que mais o atraíam.

A felicidade não é um valor cultural...

Ele dissera outrora que seus verdadeiros interesses eram de natureza filosófica. Isso era um emprego impróprio da palavra, já que Freud na realidade jamais adotou ou aceitou uma atitude de filósofo. "Mesmo quando afastado do campo da observação, evitei cuidadosamente todo contato com a filosofia propriamente dita. Essa atitude me foi grandemente facilitada por uma incapacidade constitucional."[5]

O que lhe interessava era buscar uma aplicação das descobertas ou do método da psicanálise em questões mais gerais, na direção das ciências sociais e dos problemas da civilização. Já desde 1913, pouco após a publicação de *Totem e tabu*, ele concebia de maneira precisa a relação entre a psicanálise e as ciências sociais:

> Enquanto as neuroses se revelam como tentativas individuais para resolver o problema da não satisfação dos desejos, as instituições buscam soluções sociais para o mesmo problema. O relegar para um segundo plano o fator social e a predominância do fator sexual convertem essas soluções neuróticas em imagens deformadoras das quais não podemos fazer melhor uso do que empregá-las no esclarecimento de questões tão importantes.[6]

Essa posição, que conserva seu valor, é o inverso da do "culturalismo", uma vez que consiste em tomar o estudo das "soluções" neuróticas como modelos para compreender as instituições, concebidas como respostas para os mesmos problemas. Freud permanecerá fiel a essa posição; mas vemos seu ponto de vista modificar-se segundo os interesses que o absorverão até o fim de sua vida. A primeira dessas modificações é sua crítica às soluções culturais que, embora respondam às mesmas questões, não são, a seu ver, melhores que as soluções neuróticas.

Uma pulsão de morte ou de destruição que opera em silêncio...   167

A religião como ilusão

O estudo da psicologia coletiva nos fez ver como um grupo pode manter-se pela identificação com um ideal comum. Uma sociedade inteira poderia fazer o mesmo pela identificação das classes inferiores com as classes dirigentes. Mas a pluralidade dos ideais, sempre presente, mantém os conflitos e fornece uma saída real para as pulsões destrutivas. Para isso, nem uma repartição justa dos produtos do trabalho, nem a satisfação das necessidades biológicas, nem o aperfeiçoamento técnico da exploração da natureza (é a esses pontos que Freud reduz os programas socialistas) podem trazer um remédio. De fato, a civilização deve subsistir sobre outras bases. Dentre estas, há que se considerar a religião, ao lado da filosofia, da arte e da ciência.

Trata-se de determinar o que a religião pôde fazer no passado e o que poderia fazer no futuro para o progresso da civilização. O principal interesse não é demonstrar que ela é uma ilusão. É, antes, determinar o *papel* que essa ilusão desempenhou e o que ela ainda pode desempenhar.

A religião foi útil ao contribuir para a domesticação das pulsões antissociais. Mas não conseguiu resultados suficientes. Não conseguiu tornar os homens mais morais e lhes trouxe tantos tormentos quanto os que lhes havia retirado. A verdade poderia ser mais eficaz, não só porque intrinsecamente vale mais que a ilusão, mas também porque é um instrumento melhor para a civilização. Assim, o que Freud opõe à religião é a ciência, que tem seus pontos fracos: os homens são menos sensíveis às suas verdades que aos motivos passionais, e ela não pode resolver todos os problemas, é certo.

Mas a ciência ainda é muito recente em relação à religião e não podemos encontrar em outra parte as respostas que ela não dá: não existe outra jurisdição acima da razão. A ciência de que fala Freud não é, evidentemente, apenas a ciência positiva, mas todo saber que visa unicamente à verdade. E a psicanálise faz parte dele. Freud procura fazer objeções a si mesmo mediante um interlocutor imaginário:

> Não é estranho — e sim o cúmulo da inconsequência — que um psicólogo que sempre insistiu sobre a parte mínima que a inteligência toma nos negócios humanos, se comparamos essa parte à das pulsões, que tal psicólogo tente agora despojar a humanidade da preciosa satisfação de seus desejos e proponha como compensação um alimento intelectual?[7]

Mas Freud não tem a menor dificuldade em mostrar a esse interlocutor um tanto junguiano que foi sempre por meio da inteligência e da razão que a psicanálise abordou os aspectos irracionais da vida psíquica. Aqueles que conseguem se enganar com isso são os que veem o racionalista como alguém que *recusa* tais problemas, utilizando como resistência o exercício da razão. Freud dirige os seus argumentos mais fortes contra a instrução religiosa das crianças.

> Quando alguém se decide a aceitar sem crítica todos os absurdos que as doutrinas religiosas lhe propõem, ignorando inclusive as contradições existentes entre esses diversos absurdos, devemos nos espantar em face da debilidade de seu intelecto?[8]

Uma pulsão de morte ou de destruição que opera em silêncio... 169

Freud, por sua parte, não tivera a menor instrução religiosa. Polidamente dizia lamentá-lo; mas, após o que precede, não podemos duvidar de que ele se considerava afortunado. De resto, era simples e claramente ateu (o que é menos essencial do que ter escapado à formação religiosa). Ao diretor de uma revista judaica de Zurique, escreveu:

> Posso dizer que sempre me mantive tão afastado da religião judaica quanto das outras, isto é, elas a meus olhos possuem grande importância enquanto objetos de pesquisa científica, mas não participo dos sentimentos dos fiéis. Em compensação, sempre me senti solidário a meu povo e sempre encorajei meus filhos a fazerem o mesmo. Todos nós mantivemos a qualidade de judeus.[9]

Ser judeu era para ele uma questão pessoal, ou familiar. Vê-se em suas cartas que se orgulhava das qualidades de que os outros judeus davam prova, mas também que tinha grande prazer quando se tratava de criticar seus defeitos. Mantinha um julgamento livre e permanecia perfeitamente fiel ao que ele mesmo sabia ser. Alguns comentadores, favoráveis ou hostis, que tentaram encontrar uma inspiração judaica na psicanálise certamente se frustraram: uma verdade científica não pode ser judaica. Jung estava fadado a esquecer isso em um mau momento. Mas não há dúvida de que a descoberta da psicanálise, indiretamente, deve algo ao fato de Freud ser judeu. Se o rigor de seu julgamento está ligado talvez à sua ausência de formação religiosa, a solidez de seu caráter e sua insensibilidade à oposição relacionam-se às "perseguições" que sofreu como judeu, mesmo que tenham sido relativamente moderadas:

Quando em 1873 entrei para a universidade, sofri algumas sensíveis decepções. Inicialmente descobri que esperavam de mim que me sentisse inferior e estrangeiro pelo fato de ser judeu. Recusei absolutamente a primeira das atitudes... Em compensação, acomodei-me sem grande pena à ideia de não ser aceito na comunidade... Essas primeiras impressões na universidade tiveram uma consequência que mais tarde se revelou importante: jovem ainda, acostumei-me ao destino de pertencer à oposição e de ser posto à margem da "maioria compacta" (*expressão de Ibsen*). Desse modo foram lançadas as bases de um certo grau de independência de julgamento.[10]

Mas há que compreender que a independência assim adquirida também o libertava de muitas das tradições familiares e étnicas. Podemos avaliar isso pela maneira como escolheu os nomes de seus filhos.

O mistério da culpa

A QUESTÃO NA QUAL FREUD se detém há algum tempo, e que o preocupará até o final, é de ordem um tanto diferente: o escândalo da culpabilidade do inocente, tal como já se manifestava no Livro de Jó. As duas respostas recebidas por Jó não são satisfatórias. Uma, ingênuo *happy ending*, é que ele foi "tentado", isto é, submetido a uma prova e que tudo é reversível, sob a condição de resistir à tentação. A outra, grandioso mistério, diz que ele tem que se arrepender "sobre o pó e sobre as cinzas", sem exigir explicação. A resposta de Freud é que o homem que se crê inocente na realidade *é* culpado.

Intencionalmente ele é um criminoso e seu crime reside na fantasia e nos desejos culpáveis da infância, porque a pulsão de morte exigiu e obteve, sob uma forma ou outra, alguma satisfação. As satisfações disfarçadas, secretas, latentes, manifestam-se por meio de *sintomas*: a culpa é assimilável a esses sintomas. A instituição já semineurótica de um acusador, de um procurador do Outro, do *supereu*, certamente preenche uma função socialmente útil, mas esse supereu é sobretudo o agente da pulsão de morte; e quanto mais nos tornamos inocentes, isto é, quanto mais nos afastamos de nossas pulsões agressivas, mais elas se passam para o serviço do supereu e este melhor se arma para nos torturar.

Desse modo, os mais "inocentes" carregam o peso da maior culpabilidade.

O *mal-estar na cultura* não pode encontrar seu remédio na afabilidade, na bondade, no amor ao próximo. Essas virtudes não são o coroamento de uma sublimação, mas o resultado de uma idealização. Ao mesmo tempo que publicava esse ensaio (1930), Freud, por incitação de Bullit, delineava o quadro severo dos delitos da idealização num estudo sobre Woodrow Wilson. Essa análise implacável chocou-se frontalmente com muitos preconceitos, mas ilustra de maneira assustadora a tese segundo a qual não se pode fazer o bem em nome da ilusão.

Os poetas haviam visto, antes de Freud, mas no mistério, que a morte e o ideal tinham muito em comum. Freud levou muito tempo para descobrir que a pulsão de morte não é menos importante que a libido, que ela segue de perto. No narcisismo primário, a libido quase se confunde com as forças biológicas, mas a pulsão de morte já ocupa o mesmo lugar. A libido pode investir um objeto externo e transformar-se em desejo sexual e amor; a agressividade e o ódio a seguem como sombras. Finalmente, no narcisismo secundário, a libido investe o próprio Eu. Mas a pulsão de morte apropria-se dele, acusa-o, condena-o, tortura-o. Freud ficou assombrado com o longo tempo em que ocultou para si mesmo essas verdades. Por essa duração ele mede a resistência que as protege, e por essa resistência, a sua importância. A civilização funda-se em última análise no fortalecimento do sentimento de culpa. Freud aprova os esforços dos socialistas (embora tenda a considerá-los utópicos) mas, como já vimos, eles não podem remediar o mais importante: a fatalidade quer que, se dominarem melhor as pulsões agressivas, isto se dê ao custo

O mistério da culpa 173

de um crescimento dos terríveis sentimentos que alimentam a invencível pulsão de morte.

O pessimismo de Freud poderia fazer pensar em certas posições religiosas. Mas tais posições estão fundadas na ilusão e na idealização, que ele precisamente denuncia. A biologia ensinou-lhe que a vida não tem objetivo nem significação. Ele usa, para demonstrá-lo, de um argumento sem réplica: *Vejam os animais!* Todavia, não existe o menor traço de ceticismo em tudo isso. Seu realismo o leva a considerar como única atitude possível fazer o melhor uso da culpa, com a ajuda da razão e da verdade, para o progresso da civilização, afastando-se das ilusões. Estas, longe de poderem ajudar os homens, estão entre os sintomas dos obstáculos da civilização.

O profeta assassinado

Durante os últimos cinco anos de sua vida, inicialmente em Viena, depois em Londres, o interesse de Freud é cada vez mais retido pela pessoa de Moisés, seu nascimento e sua morte. Sobre esse tema escreve o que ele próprio denomina um *romance histórico*, nomenclatura que parece perfeitamente justificada. Sua esperança é ter encontrado uma verdade histórica; sabe que é um romance, mas muito bem fundamentado. A hesitação entre a lembrança da realidade e a fantasia, que marcou os primeiros passos de sua descoberta, encontra-se novamente nos últimos passos.

Os argumentos que ele emprega são plausíveis e invocam certas verdades estabelecidas pela história, mas não constituem provas. Ele teria se colocado num terreno mais sólido se tivesse procurado analisar a vida de Moisés como um mito. Mas, justamente, o que ele busca é uma verdade objetiva e, neste caso, com certeza teria sido necessário invocar a própria arqueologia. Como se sabe, ela o fascinava; tinha dezoito anos quando Troia foi exumada. Ele invejava Schliemann e o imitava com seus próprios meios. Existe aí um deslocamento do desejo, bem visível na paixão com que colecionava os objetos arqueológicos. Mas há outra coisa. Ele pensava ter encontrado o fundamento real da religião. Evidentemente não se trata disso, posto que seu Moisés nada mais faz que transmitir a religião. O que ele funda na história é *a culpabilidade*, assim como a fundara na pré-história com *Totem e tabu*.

Conduziu às últimas consequências certas hipóteses propostas pelos especialistas de uma história — a história bíblica — que por si mesma induz às especulações. Todavia, é um fato estabelecido que existiu no Egito uma seita monoteísta. O faraó Akhenaton fizera do deus Aton um deus único e suprimira todos os outros cultos. Abraham, em 1912, havia publicado um estudo sobre essa questão. Freud esquecera disso, mas é provável que seja a essa publicação que remonta seu interesse pelo monoteísmo egípcio.

Está igualmente reconhecido que o nome Moisés é egípcio. Mas é Freud quem dá o alerta de que Moisés *era* egípcio; vê a prova disso no mito de seu nascimento, conforme tantos outros mitos de nascimentos de heróis. (Ele adota, no entanto, uma hipótese colocada por outros: existem dois Moisés, dos quais um é judeu, apesar do nome, o que contraria um pouco seu argumento.) Quando supõe que Moisés trouxe para os judeus o monoteísmo dos egípcios, não tira essa ideia de ninguém; mas quando faz Moisés cair sob os golpes do povo

O mistério da culpa 175

revoltado (retomando assim uma ideia de *Totem e tabu*), ele tem consigo alguns raros autores (Sellin, por exemplo). De um modo que faz lembrar o final de *Totem e tabu*, a culpa que se segue à morte de Moisés é o fundamento de uma ordem social nova. Naturalmente já não se trata de uma transformação da humanidade em geral, mas da história dos povos judeu e cristão.

Enquanto escrevia esse livro em Viena (reescreveu-o diversas vezes), encontrava-se sob a ameaça mortal dos nazistas; mas aceitava esse risco com uma indiferença talvez explicável por sua idade: "É uma morte como outra qualquer", dizia. Tal indiferença nos deixa muito espantados quando sabemos que ele estava muito inquieto, diríamos em pânico, com a ideia de que seu livro pudesse provocar as autoridades católicas de Viena e de Roma.

Já em 1927 perguntara-se sobre os riscos que correria com a publicação de *O futuro de uma ilusão*, no qual atacava a religião, mas não deu importância ao fato. Todavia, 25 anos antes, fora tomado de pânico ao publicar o final de *Totem e tabu* (1913), onde o pai é assassinado. Esse livro, no entanto, só poderia irritar os etnógrafos. É certo que essa imagem do assassinato do pai constitui para ele o nó da culpabilidade e, por assim dizer, o lugar onde se poderia desatá-la. Desse modo, *Moisés e o monoteísmo* não deve ser tomado como um simples romance histórico; ele visa a verdades longínquas que são como o último eco, e o mais *grave*, do complexo de Édipo, descoberto no final do século anterior. Ao mesmo tempo, a identificação com o pai faz com que Freud veja a sua própria morte na de Moisés.

QUE PERCURSO, simultaneamente necessário e imprevisível, desde os paradoxos da amnésia pós-hipnótica, por onde tudo começou, passando pelo princípio de prazer, para chegar à pulsão de morte, ao assassinato do pai e à culpa não inextirpável! A identificação de Freud com Moisés era consciente e cultivada. Outrora ele havia se comparado a Cristóvão Colombo. Escrevera a Fliess: "Não sou um homem de ciência; por temperamento, sou um conquistador"[1] (1º de fevereiro de 1900). Colombo descobrira um continente, mas não lhe havia dado seu nome. Moisés, igualmente, conduzira seu povo à terra prometida, mas ele próprio não entrara nela. Freud esteve sempre persuadido de que não usufruiria de suas próprias descobertas.

MAS QUANDO TEVE QUE FUGIR da Áustria e procurar refúgio na Inglaterra, acompanhado de sua filha Anna (da qual não podia abrir mão, em virtude de tantas operações mutiladoras), quando aquele que os vienenses deixavam partir como um culpado viu-se acolhido em Londres como um herói, é impossível que, diante desse último e breve favor do destino, Freud não tenha pensado mais uma vez em Édipo e no santuário de Colono. Se não o fez, é que essa identificação era mesmo a mais profunda.

A PSICANÁLISE NÃO ESTÁ SEGURA de seu futuro, está exposta a ser "recuperada" pelos modos tradicionais de pensamento. Ela ter tido sua origem *oficial* no cuidado de "tratar" certas doenças "nervosas" é algo que ainda cobre com sua sombra tudo o que depois ela se revelou ser. Pois esse fato significava que a "saúde mental" (deplorável aliança de palavras!) assemelhava-se à saúde física (noção menos problemática), e que o papel do psicanalista era trazer de volta aqueles que algum acidente havia desviado. Ver as coisas dessa maneira, nos dias de hoje, é simplesmente colocar o analista entre as diversas potências do recalcamento.

A análise teve uma origem diferente desse ponto de partida médico. Charcot, afinal de contas, não arrastou Freud atrás de si, não o encerrou na convicção de que a histeria era uma doença cuja etiologia poderia ser elaborada como a das outras enfermidades. Quando o próprio Freud se viu numa relação com Charcot que lembrava a relação das histéricas com esse mesmo Charcot, levou muito tempo para saber o que isso queria dizer. Ele elaborou essa relação com Fliess. Soube realizar a *transferência* e ver nela um "fenômeno normal" e fundamental. Sabemos das consequências: o homem é essencialmente dividido, dilacerado em sua estrutura, incessantemente aberto para alguma coisa diferente do que imagina ser (digamos, simplificando, para o inconsciente) e condenado a alienar-se tanto nas barreiras protetoras da "saúde" quanto nas errâncias da "loucura".

Se é desejável que um dia a obra de Freud venha a ser venerada somente como o primeiro e imperfeito começo de uma "ciência" que talvez a ultrapasse, é necessário que hoje ela seja defendida contra as potências recalcadoras que, como nos seus primórdios, embora com menor ruído, sempre tendem a recobri-la e a enterrá-la.

Notas

Minha vida não tem interesse senão em sua relação com a psicanálise... [pp. 19-37]

1. S. Freud, *Delírios e sonhos na 'Gradiva' de Jensen*, ESB, v. 9.
2. S. Freud, *Correspondance, 1873-1939*.
3. Ibid.
4. S. Freud, Cartas a Fliess, em *Publicações pré-psicanalíticas e esboços inéditos*, ESB, v. 1.
5. S. Freud, "Lembranças encobridoras", ESB, v. 3.
6. Ibid.
7. S. Freud, "Algumas reflexões sobre a psicologia do escolar", ESB, v. 13.
8. S. Freud, *Correspondance, 1873-1939*.
9. Ibid.
10. S. Freud, "Um estudo autobiográfico", ESB, v. 20.
11. S. Freud, *Correspondance, 1873-1939*.
12. Ibid.
13. Ibid.
14. Ibid.

Introite, hic dei sunt [pp. 38-65]

1. S. Freud, *Correspondance, 1873-1939*.
2. S. Freud, "Um estudo autobiográfico", ESB, v. 20.
3. S. Freud, "Charcot" (artigo necrológico), ESB, v. 3.
4. S. Freud, "Um estudo autobiográfico", ESB, v. 20.
5. S. Freud, "Cinco lições de psicanálise", ESB, v. 11.
6. S. Freud, *Correspondance, 1873-1939*.
7. S. Freud, *Estudos sobre a histeria*, ESB, v. 2.
8. S. Freud, Cartas a Fliess, em *Publicações pré-psicanalíticas e esboços inéditos*, ESB, v. 1.

180   *Freud e a descoberta do inconsciente*

9. S. Freud, *Estudos sobre a histeria*, ESB, v. 2.
10. Ibid.
11. Ibid.
12. S. Freud, "Uma breve descrição da psicanálise", *ESB*, v. 19.
13. S. Freud, *Estudos sobre a histeria*, ESB, v. 2.
14. S. Freud, Cartas a Fliess, em *Publicações pré-psicanalíticas e esboços inéditos*, ESB, v. 1.
15. S. Freud, *Estudos sobre a histeria*, ESB, v. 2.
16. S. Freud, "A história do movimento psicanalítico", cap. 1, *ESB*, v. 14.
17. S. Freud, *A psicopatologia da vida cotidiana*, ESB, v. 6.
18. S. Freud, Cartas a Fliess, em *Publicações pré-psicanalíticas e esboços inéditos*, ESB, v. 1.
19. Ibid.
20. Ibid.
21. Ibid.
22. S. Freud, *Estudos sobre a histeria*, II, 2, nota e passim. ESB, v. 2.
23. S. Freud, Cartas a Fliess, em *Publicações pré-psicanalíticas e esboços inéditos*, ESB, v. 1.
24. Ibid.
25. Ibid.

A estrada real [pp. 66-105]

1. S. Freud, Cartas a Fliess, em *Publicações pré-psicanalíticas e esboços inéditos*, ESB, v. 1.
2. S. Freud, *A interpretação dos sonhos*, cap. VI, *ESB*, v. 4 e 5.
3. Ibid.
4. Ibid. O sonho do tio José figura nos capítulos IV-VII.
5. Ibid.
6. S. Freud, *A psicopatologia da vida cotidiana*, ESB, v. 6.
7. S. Freud, "Lembranças encobridoras", *ESB*, v. 3.
8. Ibid.
9. Carta a Martha, apud E. Jones, *La Vie et l'Œuvre de Sigmund Freud*, v. 1.
10. S. Freud, *A psicopatologia da vida cotidiana*, ESB, v. 6.
11. S. Freud, *Fragmento da análise de um caso de histeria*, ESB, v. 8.

Notas

Da histeria a uma teoria geral [pp. 106-48]

1. S. Freud, *Fragmento da análise de um caso de histeria, ESB*, v. 8.
2. S. Freud, "Um estudo autobiográfico", *ESB*, v. 20.
3. S. Freud, *Três ensaios sobre a sexualidade, ESB*, v. 7.
4. Ibid.
5. Heinrich Heine, *Reisebilder*.
6. S. Freud, *Os chistes e sua relação com o inconsciente, ESB*, v. 8.
7. S. Freud, "Um estudo autobiográfico", *ESB*, v. 20.
8. S. Freud, *O Moisés de Michelangelo, ESB*, v. 13.
9. S. Freud, *História de uma neurose infantil, ESB*, v. 17.
10. S. Freud, "História de uma fobia em um menino de cinco anos", *ESB*, v. 10.
11. S. Freud, "Notas sobre um caso de neurose obsessiva", *ESB*, v. 10.
12. S. Freud, "Notas psicanalíticas sobre um relato autobiográfico de um caso de paranoia *(dementia paranoides)*", *ESB*, v. 12.

O incesto e o parricídio [pp. 149-57]

1. S. Freud, *Correspondance, 1873-1939*.
2. S. Freud, "Formulações sobre os dois princípios do funcionamento mental", *ESB*, v. 12.
3. S. Freud, "Sobre o narcisismo", *ESB*, v. 14.

Uma pulsão de morte ou de destruição que opera em silêncio... [pp. 158-70]

1. S. Freud, "A negativa", *ESB*, v. 19.
2. S. Freud, "Fetichismo", *ESB*, v. 21.
3. S. Freud, "O ego e o id", *ESB*, v. 19.
4. S. Freud, "Um estudo autobiográfico", pós-escrito, *ESB*, v. 20.
5. S. Freud, "Um estudo autobiográfico", *ESB*, v. 20.
6. S. Freud, "O interesse científico da psicanálise", *ESB*, v. 13.
7. S. Freud, *O futuro de uma ilusão, ESB*, v. 21.
8. Ibid.

182   *Freud e a descoberta do inconsciente*

9. S. Freud, "Carta ao editor do Centro da Imprensa Judaica em Zurique", *ESB*, v. 19.
10. S. Freud, "Um estudo autobiográfico", *ESB*, v. 20.

O mistério da culpa [pp. 171-6]

1. Apud E. Jones, *La Vie et l'Œuvre de Sigmund Freud*, v. 1, xv. Cf. também S. Freud, *Correspondance avec le pasteur Pfister*.

Referências bibliográficas

ANDERSON, Ola. *Freud avant Freud: La préhistoire de la psychanalyse (1888--1896)*. Paris: Les Empêcheurs de penser en rond, 1997.

ANDREAS-SALOMÉ, Lou. *Correspondance avec Sigmund Freud, suivie du jornal d'une année (1912-1913)*. Paris: Gallimard, 1970.

_____. *Lettre ouverte à Freud*. Paris: Seuil, 1987, 2000.

ANZIEU, Didier. *L'Auto-analyse de Freud et la découverte de la psychanalyse*. Paris: PUF, 1988. [Ed. bras.: *A autoanálise de Freud e a descoberta da psicanálise*. Porto Alegre: Artes Médicas, 1989.]

ASSOUN, Paul-Laurent. *Freud et Nietzsche*. Paris: PUF, 1998. [Ed. bras.: *Freud e Nietzsche*. São Paulo: Brasiliense, 1989.]

_____. *Freud et la femme*. Paris: Payot, 1995. [Ed. bras.: *Freud e a mulher*. Rio de Janeiro: Zahar, 1993.]

BABIN, Pierre. *Sigmund Freud: Un tragique à l'âge de la Science*. Paris: Gallimard, 1990.

BAKAN, David. *Freud et la tradition mystique juive*. Paris: Payot, 2001.

BERGERET, Jean. *Le Petit Hans et la Réalité*. Paris: Payot, 1987.

BERSANI, Leo. *Baudelaire et Freud*. Paris: Seuil, 1981. [Ed. bras.: *Baudelaire e Freud*. Rio de Janeiro: Difel, 1979.]

BETTELHEIM, Bruno. *Freud et l'âme humaine*. Paris: Hachette Littératures, 1993. [Ed. bras.: *Freud e a alma humana*. São Paulo: Cultrix, 1984.]

BINSWANGER, Ludwig. *Analyse existentielle et psychanalyse freudienne: discours, parcours et Freud*. Paris: Gallimard, 1981.

CARASSO, Françoise. *Freud médecin*. Arles: Actes Sud, 1992.

CLANCIER, Sylvestre. *Freud: Concepts fondamentaux de la théorie et de la psychanalyse freudiennes*. Toulouse: Erès, 1998. [Ed. bras.: *Freud: Conceitos e momentos fundamentais da teoria freudiana e da psicanálise*. São Paulo: Melhoramentos, 1977.]

COBLENCE, Françoise. *Sigmund Freud. v. 1 : 1886-1897*. Paris: PUF, 2000.

DELRIEU, Alain. *Lévi-Strauss lecteur de Freud: Le droit, l'inceste, le père et l'échange des femmes*. Sankt Augustin: Anthropos, 1999.

184   *Freud e a descoberta do inconsciente*

DENIS, Pauls. *Sigmund Freud*. v. 3 : *1905-1920*. Paris: PUF, 2000.

ENGELMAN, Edmund. *La Maison de Freud au Jour le jour: Souvenirs de Paula Fichtl*. Paris: PUF, 1991.

FLEM, Lydia. *La Vie quotidienne de Freud et de ses patients*. Paris: Hachette Littératures, 1986. [Ed. bras.: *A vida cotidiana de Freud e de seus pacientes*. Porto Alegre: L&PM, 1988.]

_____. *L'Homme Freud: Une biographie intellectuelle*. Paris: Seuil, 1995. [Ed. bras.: *O homem Freud: O romance do inconsciente*. Rio de Janeiro: Campus, 1993.]

FREUD, Sigmund. "Lettres de Freud adolescent", *Nouvelle Revue de Psychanalyse*, n. 1, primavera de 1970. Paris: Gallimard, 1970.

_____. *Edição Standard Brasileira das obras psicológicas de Sigmund Freud (ESB)*, 24 v. Rio de Janeiro: Imago, 1970-77.

_____. *Correspondance, 1873-1939*. Paris: Gallimard, 1979.

_____. *Correspondance avec le pasteur Pfister*. Paris: Gallimard, 1991.

_____. *Lettres de famille de Sigmund Freud et des Freud de Manchester, 1911-1938*. Paris: PUF, 1996.

_____. *Correspondance Freud-Ferenczi*. v. 3: *1920-1933*. Paris: Calmann-Lévy, 2000. [Ed. bras.: *Correspondência Freud-Ferenczi*. Rio de Janeiro: Imago, 1994.]

_____. *Sigmund Freud: Obras completas*, 20 v. São Paulo: Companhia das Letras, 2010-em andamento.

FREUD, Sigmund; ABRAHAM, Karl. *Correspondance, 1907-1926*. Org. Hilda C. Abraham e Ernst L. Freud. Paris: Gallimard, 1969.

FREUD, Sigmund; EINSTEIN, Albert. *Lettres de Einstein et de Freud: Échangées sur la guerre*. Liège: Dynamo, 1972.

FREUD, Sigmund; JUNG, C. G. *Freud/Jung: Correspondência completa*. Org. William McGuire. Rio de Janeiro: Imago, 1976.

FREUD, Sigmund; WEISS, Edoardo. *Lettres sur la pratique psychanalytique*. Toulouse: Privat, 1975.

FREUD, Sigmund; ZWEIG, Arnold. *Correspondance, 1927-1939*. Paris: Gallimard, 1973.

GAY, Peter. *Un Juif sans Dieu: Freud, l'athéisme et la naissance de la psychanalyse*. Paris: PUF, 1990. [Ed. bras.: *Um judeu sem Deus: Freud, ateísmo e a construção da psicanálise*. Rio de Janeiro: Imago, 1992.]

_____. *Freud: Une vie*. Paris: Hachette Littératures, 1991. [Ed. bras.: *Freud: Uma vida para o nosso tempo*. São Paulo: Companhia das Letras, 1989.]

Referências bibliográficas 185

GAY, Peter. *En Lisant Freud: Explorations et divertissements*. Paris: PUF, 1995. [Ed. bras.: *Lendo Freud: Investigações e entretenimentos*. Rio de Janeiro: Imago, 1992.]

GLASER, Hermann. *Sigmund Freud et l'âme du XX siècle: Psychodrama d'une époque: matériaux et analyses*. Paris: PUF, 1995.

GRANOFF, Wladimir. *Lacan, Ferenczi et Freud*. Paris: Gallimard, 2001.

HADDAD, Gérard. *Freud en Italie: Psychanalyse du voyage*. Paris: Hachette Littératures, 1998.

HAMON, Marie-Christine. *Pourquoi les Femmes aiment-elles les hommes et non pas plutôt leur mère? Essai sur Freud et la féminité*. Paris: Seuil, 1992.

JONES, Ernest. *La Vie et l'Œuvre de Sigmund Freud*. 3 v. Paris: PUF, 1988--92. [Ed. bras.: *A vida e a obra de Sigmund Freud*. 3 v. Rio de Janeiro: Imago, 1989.]

KAHN, Laurence. *Sigmund Freud*. v. 2: *1897-1905*. Paris: PUF, 2000.

KOFMAN, Sarah. *L'Énigme de la Femme: La femme dans les textes de Freud*. Paris: LGF, 1994.

LACAN, Jacques. *Les Écrits techniques de Freud: 1953-1954*. Paris: Seuil, 1975, 1998. [Ed. bras.: *O Seminário, livro I: Os escritos técnicos de Freud*. Rio de Janeiro: Zahar, 1979.]

LAPLANCHE, Jean. *Fantasme originaire; fantasme des origines; origine du fantasme*. Paris: Hachette Littératures, 1985. [Ed. bras.: *Fantasia originária, fantasias das origens, origens da fantasia*. Rio de Janeiro: Zahar, 1988.]

_____. *Le Fourvoiement biologisant de la sexualité chez Freud*. Paris: Les Empêcheurs de penser en rond, 1993. [Ed. bras.: *Freud e a sexualidade: O desvio biologizante*. Rio de Janeiro: Zahar, 1997.]

_____. *Problématiques*. v. 3: *La Sublimation*. Paris: PUF, 1998.

MACMILLAN, Malcolm. *Une Analyse de Freud*. Paris: Les Empêcheurs de penser en rond, 1992.

MAHONY, Patrick J. *Freud l'écrivain*. Paris: Belles Lettres, 1990. [Ed. bras.: *Freud como escritor*. Rio de Janeiro: Imago, 1992.]

_____. *Freud et l'Homme aux rats*. Paris: PUF, 1991. [Ed. bras.: *Freud e o Homem dos Ratos*. São Paulo: Escuta, 1991.]

MAJOR, René. *De l'Élection: Freud face aux ideologies américaine, allemande et soviétique*. Paris: Aubier-Montaigne, 1986.

MANNONI, Octave. *Fictions freudiennes*. Paris: Seuil, 1978. [Ed. bras.: *Ficções freudianas*. Rio de Janeiro: Taurus, 1983.]

MENAHEM, Ruth. *Sigmund Freud*. v. 4: *1920-1939*. Paris: PUF, 2000.

186 *Freud e a descoberta do inconsciente*

MILNER, Max. *Freud et l'interprétation de la literature*. Paris: Sedes, 1997.

PETERS, Uwe Henrik. *Anna Freud*. Paris: Balland, 1987.

PFRIMMER, Théo. *Freud, lecteur de la Bible*. Paris: PUF, 1982. [Ed. bras.: *Freud, leitor da Bíblia*. Rio de Janeiro: Imago, 1994.]

REIK, Theodor. *Trente Ans avec Freud, suivi des letres inédites de Freud à Reik*. Bruxelas: Complexe, 1976.

RICOEUR, Paul. *De l'interprétation: Essai sur Freud*. Paris: Seuil, 1965, 1995. [Ed. bras.: *Da interpretação: Ensaio Sobre Freud*. Rio de Janeiro: Imago, 1977.]

ROAZEN, Paul. *Comment Freud analysait*. Paris: Navarin, 1989. [Ed. bras.: *Como Freud trabalhava: Relatos inéditos de pacientes*. São Paulo: Companhia das Letras, 1999.]

ROBERT, Marthe. *La Révolution psychanalytique: La vie et l'oeuvre de Sigmund Freud*. Paris: Payot, 1989. [Ed. bras.: *A revolução psicanalítica*. São Paulo: Perspectiva, 1991.]

ROJZMAN, Charles. *Sigmund Freud: Un humanisme de l'avenir*. Paris: Desclée de Brouwer, 1998.

SAFOUAN, Moustapha. *La Sexualité féminine dans la doctrine freudienne*. Paris: Seuil, 1976. [Ed. bras.: *A sexualidade feminina na doutrina freudiana*. Rio de Janeiro: Zahar, 1977.]

SARETSKY, Theodor. *Le Tennis et la sexualité: Les écrits secrets de Freud*. Paris: Seuil, 1986.

SCHUR, Max. *La Mort dans la vie de Freud*. Paris: Gallimard, 1982. [Ed. bras.: *Freud: Vida e agonia. Uma biografia*. 3 v. Rio de Janeiro: Imago, 1981.]

VERGOTE, Antoine. *La Psychanalyse à l'épreuve de la sublimation*. Paris: Cerf, 1997.

YERUSHALMI, Yosef Hayim. *Le Moïse de Freud: Judaïsme terminable et interminable*. Paris: Gallimard, 1993. [Ed. bras.: *O Moisés de Freud: Judaísmo terminável e interminável*. Rio de Janeiro: Imago, 1992.]

YOUNG-BRUEHL, Élisabeth. *Anna Freud*. Paris: Payot, 1991. [Ed. bras.: *Anna Freud, uma biografia*. Rio de Janeiro: Imago, 1992.]

Índice onomástico

Abraham, Karl, 16-7, 130-1, 156-7, 174
Acidentes mentais dos histéricos, Os
(Janet), 45
Adler, Alfred, 16, 140-1
Akhenaton (faraó), 174
"Além do princípio de prazer"
(Freud), 17
"Análise de uma fobia de um garoto
de cinco anos ('O Pequeno
Hans')" (Freud), 16; *ver também*
Hans, pequeno
"Análise terminável e interminável" (Freud), 17, 34
Aníbal (general cartaginês), 15
Anna O. (Bertha Pappenheim), 12-3,
19, 30, 38, 42-5, 47, 51, 64
Aton (deus egípcio), 174
"Autobiografia" (Freud), 17
Automatismo psicológico, O (Janet),
45

"Bate-se numa criança" (Freud), 17
Beauharnais, Josefina de, 54
Bernays, Martha, 13
Bernheim, Hyppolyte, 14, 31, 42, 45
Bleuler, Eugen, 15, 129-31
Boltraffio, Giovanni Antonio, 92,
94-5
Bonaparte, Napoleão, 54
Börne, Ludwig, 11, 20, 35
Bósnia, 92, 94
Botticelli, Sandro, 92, 95
Braun, Heinrich, 12
Brentano, Franz, 11-2
Breuer, Josef, 11-5, 21, 30-1, 38, 42-6,
49-53, 55-6, 64, 75, 84, 88, 104, 106,
108

Brill, Abraham, 40, 67, 131
Brücke, Ernst Wilhelm von, 12, 14,
30-1

Carmen (ópera de Bizet), 149
Cervantes, Miguel de, 35
Charcot, Jean-Martin, 11, 13-4, 30-1,
37-40, 42, 45, 51-3, 56-7, 70, 76, 86,
114, 118, 128, 177
Chistes e sua relação com o inconsciente, Os (Freud), 15-6, 71, 83, 117,
121-2, 136
Chrobak, Rudolf, 51-2, 104
"Cinco lições de psicanálise"
(Freud), 16
"Cisão do eu no processo de defesa,
A" (Freud), 17
Clark University (Worcester, Massachusetts), 16, 43
Colombo, Cristóvão, 176
Compêndio da psicanálise (Freud), 17
Comunicação preliminar (Breuer e
Freud), 45-6
"Construções em análise" (Freud),
48
"Contribuição à história do movimento psicanalítico" (Freud), 16
Correggio (pintor italiano), 90
*Correspondência completa de Sigmund
Freud para Wilhelm Fliess* (1950), 18
Cromwell, Oliver, 14

Da sugestão e de suas aplicações terapêuticas (Bernheim), 14
"Delírio e sonhos na 'Gradiva' de
W. Jensen" (Freud), 16, 83, 126
Diderot, Denis, 150

Dora (caso), 15-6, 83, 102-4, 106-10, 136

Édipo Rei (personagem mitológica), 63-4, 176

Elisabeth von R., 49, 75

Ellis, Havelock, 113

"Emancipação das mulheres, A" (Mill), 12

Eneida (Virgílio), 86-7

Erb, W., 13, 41

Escola de Nancy, 42

Estudos sobre a histeria (Freud), 15, 43, 49-51, 58, 67, 75, 88, 94

"Eu e o id, O" (Freud), 17, 163

Fantasias de um realista (Popper-Lynkeus), 15

Fechner, Gustav Theodor, 11, 121

Federn, Paul, 15

Ferenczi, Sándor, 16, 142, 145

"Fetichismo, O" (Freud), 162

Figure in The Carpet, The (James), 145

Flechsig, Paul Emil, 147

Fleischl, Ernst von, 13, 33, 54

Fliess, Wilhelm, 14-5, 18, 23, 40, 43, 45, 51-8, 64-5, 68, 73, 75, 84, 89, 98, 109, 123, 136, 142, 156, 176-7

Fluss, Emil, 27

Fluss, Gisela, 26, 97

"Fragmento da análise de um caso de histeria" (Freud), 16, 106; *ver também* Dora (caso)

Frau Emmy von N., 14

Frazer, James, 150

Freud, Anna, 15, 17, 176

Freud, Emmanuel, 11

Freud, Ernst, 14, 124

Freud, Jacob, 11, 15, 63

Freud, Jean-Martin, 14, 122

Freud, Josef, 77-80

Freud, Martha, 18, 21, 32-4, 40, 99, 149

Freud, Mathilde, 14, 62-3

Freud, Oliver, 14

Freud, Pauline, 12, 26-7, 97-8

Freud, Philippe, 11-2

Freud, Sophie, 14, 17

Futuro de uma ilusão, O (Freud), 17, 175

Gärtner, professor (sonho de Freud), 75

Goethe, Johann Wolfgang von, 12, 17, 29-30, 44

Gradiva (Jensen), 126

Groddeck, Georg, 164

Hamlet (Shakespeare), 64

Hans, pequeno, 132, 134-5

Heine, Heinrich, 118-9

Helmholtz, Hermann von, 11

Herbart, Johann Friedrich, 11

Herder, Johann Gottfried von, 28

Herzegovina, 92-3

"História de uma neurose infantil ('O Homem dos Lobos')" (Freud), 17; *ver também* Homem dos Lobos (caso)

Hitler, Adolf, 161

Homem dos Lobos (caso), 61, 133, 137, 139, 141-2, 152

Homem dos Ratos (caso), 18, 26, 54, 64, 75, 83, 100, 132, 135-9, 152

Ibsen, Henrik, 170

"Inibição, sintoma, angústia" (Freud), 17

Interpretação dos sonhos, A (Freud), 15, 20, 57, 67-9, 71, 73, 82-4, 87-8, 91, 94-5, 97, 106, 108, 111, 117, 136, 163

"Introdução a *Psicanálise das neuroses de guerra*" (Freud), 17

Irma, injeção em (sonho de Freud), 15, 67-8

Jacinto (pedicure), 118-9

Jahrbuch der Psychoanalyse (periódico), 133

James, Henry, 145

James, William, 11, 40

Janet, Pierre, 45-6, 75, 88

Índice onomástico

Jensen, Wilhelm, 83, 126-7
Jones, Ernest, 56, 126, 154
Josef, tio (sonho de Freud), 77-80
Jung, Carl Gustav, 16, 52, 74, 87, 100, 126, 129-32, 134, 137-8, 140-1, 148, 150, 154, 158, 169

Klein, Melanie, 131, 157
Koller, Carl, 13
Krafft-Ebing, Richard von, 113

Lacan, Jacques, 54, 74, 140, 146
Le Bon, Gustave, 161
"Lembranças encobridoras" (Freud), 15
Leonardo da Vinci, 16, 142-5
Lições sobre as doenças do sistema nervoso III (Charcot), 14
Liébault, Ambroise-Auguste, 14, 42
Louvre, Museu do (Paris), 144
Lutero, Martinho, 101-2
"Luto e melancolia" (Freud), 16

Mal-estar na cultura, O (Freud), 17, 172
Mallarmé, Stéphane, 162
"Mecanismo psíquico do esqueci-mento, O" (Freud), 15
Memórias de um doente dos nervos (Schreber), 145-6
Meynert, Theodor Hermann, 12-3
Michelangelo, 128-9, 144
Mill, John Stuart, 12, 34-5
Milton, John, 87
Moisés (estátua de Michelangelo), 128, 144
Moisés (líder hebreu), 128, 173-6
"Moisés de Michelangelo, O" (Freud), 16, 127
Moisés e o monoteísmo (Freud), 17, 175
Monografia botânica, A (sonho de Freud), 75
Mozart, Wolfgang Amadeus, 124
Mussolini, Benito, 17

"Negação, A" (Freud), 17, 48, 100, 162
Neurose e ideias fixas (Janet), 45
Nietzsche, Friedrich, 11, 158, 164
Notas originais (Freud, sobre a análi-se do Homem dos Ratos), 18
Novas conferências introdutórias à psicanálise (Freud), 17

"Observações psicanalíticas sobre um caso de paranoia (*Dementia paranoides*) relatado em auto-biografia ('O caso Schreber')" (Freud), 16; *ver também* Schreber, Daniel Paul
"Observações sobre um caso de neurose obsessiva ('O Homem dos Ratos')" (Freud), 16, 135; *ver também* Homem dos Ratos (caso)
"Obsessões e fobias" (Freud), 15

Pappenheim, Bertha *ver* Anna O.
Paraíso perdido (Milton), 87
Père-Lachaise, cemitério (Paris), 35
Pfister, Oskar, 124, 131, 144-5
"Platão" (Mill), 12
Popper-Lynkeus, Josef, 15
Projeto para uma psicologia científica (Freud), 31, 57-8, 70, 135
"Psicanálise e medicina" (Freud), 17
"Psicologia das massas e análise do eu" (Freud), 17, 161
"Psiconeuroses de defesa, As" (Freud), 14
Psicopatologia da vida cotidiana, A (Freud), 15, 83, 87-8, 95, 98, 100, 121-2, 136
"Pulsões e seus destinos, As" (Freud), 143

"Recordação de infância de Leonar-do da Vinci, Uma" (Freud), 16
Revue Neurologique, 14
Ribera, José de, 90

Roosevelt, Franklin Delano, 17
Rothschild, barão de, 118

Salpêtrière, Hospital da (Paris), 13, 38, 45
Sant'Ana (tela de Leonardo da Vinci), 144
Schopenhauer, Arthur, 11, 158
Schreber, Daniel Paul, 142, 145-8
Sellin, Ernst, 175
Shakespeare, William, 64, 125
Signorelli, Luca, 91-4
"Sobre a concepção das afasias" (Freud), 31
"Sobre a natureza" (atribuído a Goethe), 12, 29
"Sobre a questão operária" (Mill), 12
"Sobre os sonhos" (Freud), 15
"Socialismo, O" (Mill), 12
Sociedade Internacional de Psicanálise, 16, 130
Sófocles, 24, 62, 129
"Sonho e histeria" (Freud), 15, 106; ver também Dora (caso)

Sperl Gymnasium (Viena), 11, 27, 29
Stekel, Wilhelm, 15

Thomas Woodrow Wilson (Bullit e Freud), 17-8
Tirésias (personagem mitológica), 63
Totem e tabu (Freud), 16, 152-3, 166, 174-5
Totemism and Exogamy (Frazer), 150
Trafoi (Itália), 93-5
Três ensaios sobre a teoria da sexualidade (Freud), 16, 55, 111-3, 116-7, 132-4, 136-7, 141-2, 144, 160

Vaticano, 126
Virgílio, 86-7

Waldeyer-Hartz, Heinrich Wilhelm Gottfried von, 12
Weiss, Nathan, 36
Wilson, Woodrow, 20, 172

Zurique (Suíça), 15, 40, 129, 131, 169
Zweig, Stefan, 44, 161

COLEÇÃO TRANSMISSÃO DA PSICANÁLISE

Não Há Relação Sexual
Alain Badiou

**Fundamentos da Psicanálise
de Freud a Lacan
(4 volumes)**
Marco Antonio Coutinho Jorge

**Histeria e Sexualidade
Transexualidade**
*Marco Antonio Coutinho Jorge;
Natália Pereira Travassos*

Por Amor a Freud
Hilda Doolittle

A Criança do Espelho
Françoise Dolto e J.-D. Nasio

O Pai e Sua Função em Psicanálise
Joël Dor

**Introdução Clínica à
Psicanálise Lacaniana**
Bruce Fink

**A Psicanálise de Crianças
e o Lugar dos Pais**
Alba Flesler

Freud e a Judeidade
Betty Fuks

A Psicanálise e o Religioso
Philippe Julien

O Que É Loucura?

Simplesmente Bipolar

Gozo
Darian Leader

**5 Lições sobre a
Teoria de Jacques Lacan**

9 Lições sobre Arte e Psicanálise

**Como Agir com um
Adolescente Difícil?**

Como Trabalha um Psicanalista?

**A Depressão é a Perda de uma
Ilusão**

A Dor de Amar

A Dor Física

A Fantasia

Os Grandes Casos de Psicose

A Histeria

Introdução à Topologia de Lacan

**Introdução às Obras de Freud,
Ferenczi, Groddeck, Klein,
Winnicott, Dolto, Lacan**

**Lições sobre os 7 Conceitos
Cruciais da Psicanálise**

O Livro da Dor e do Amor

O Olhar em Psicanálise

Os Olhos de Laura

Por Que Repetimos os Mesmos Erros?

O Prazer de Ler Freud

Psicossomática

O Silêncio na Psicanálise

Sim, a Psicanálise Cura!
J.-D. Nasio

Guimarães Rosa e a Psicanálise
Tania Rivera

A Análise e o Arquivo

Dicionário Amoroso da Psicanálise

O Eu Soberano

Freud — Mas Por Que Tanto Ódio?

Lacan, a Despeito de Tudo e de Todos

O Paciente, o Terapeuta e o Estado

A Parte Obscura de Nós Mesmos

Retorno à Questão Judaica

**Sigmund Freud na sua Época
e em Nosso Tempo**
Elisabeth Roudinesco

**O Inconsciente a Céu Aberto
da Psicose**
Colette Soler

ESTA OBRA FOI COMPOSTA POR MARI TABOADA EM DANTE PRO E
IMPRESSA EM OFSETE PELA GEOGRÁFICA SOBRE PAPEL PÓLEN SOFT
DA SUZANO S.A. PARA A EDITORA SCHWARCZ EM JUNHO DE 2023

A marca FSC® é a garantia de que a madeira utilizada na fabricação do papel deste livro provém de florestas que foram gerenciadas de maneira ambientalmente correta, socialmente justa e economicamente viável, além de outras fontes de origem controlada.